TABLE OF CONTENTS

EXAMPLE i	L'ARGOT 36
LES COULEURS 1	L'AÉROPORT 37
LES ANIMAUX 2	LA VILLE 38
LES FRUITS 3	LA PLAGE 39
LES VÊTEMENTS 4	LE SHOPPING 40
LE CORPS 5	LA VOITURE 41
LA CHAMBRE 6	LE SUPERMARCHÉ 42
LE RESTAURANT 7	LES LÉGUMES 43
LA NOURRITURE 8	NOËL 44
LE VOYAGE 9	LA SALLE DE BAIN 45
LES SPORTS 10	LES MEUBLES 46
LE BUREAU 11	LE DIVERTISSEMENT 47
LA FAMILLE 12	LES OISEAUX 48
LES PAYS 13	LES BOISSONS 49
LES ÉMOTIONS 14	LES SENS 50
LES PASSE-TEMPS 15	LE CORPS 51
LA CUISINE 16	LES CRÉATURES MARINES 52
LE CRIME 17	LA GÉOGRAPHIE 53
L'ESPACE 18	LES PREMIERS SECOURS 54
L'HYGIÈNE 19	L'APPARENCE 55
LA TECHNOLOGIE 20	LES DESSERTS 56
LES ADJECTIFS 21	LA BANQUE 57
LA MÉTÉO 22	LES TISSUS 58
LE CINÉMA 23	LA SALLE DE CLASSE 59
LA SANTÉ 24	LES OUTILS 60
LA POLITIQUE 25	LES MATÉRIAUX 61
LA LOI 26	LES INSTRUMENTS 62
LES VACANCES 27	LA PHARMACIE 63
LA MUSIQUE 28	LES INSECTES 64
L'HÔTEL 29	L'ART 65
LE MARIAGE 30	LES CORVÉES 66
LES FINANCES 31	LA ROUTINE 67
LE TRANSPORT 32	LES OBJETS DE LA MAISON 68
LA GUERRE 33	TRANSLATIONS 69
LE BUSINESS 34	SOLUTIONS 78
LA NATURE 35	

EXAMPLE

When finding words in the word search, we have removed the articles and dashes to avoid unnecessary repetition, add a little difficulty, and to make it more fun! For example, the words below on the left will look like the words on the right in the word search:

LE MICRO-ONDES	-->	MICROONDES
T-SHIRT	-->	TSHIRT
BON APPÉTIT	-->	BONAPPÉTIT
SE LAVER	-->	LAVER
À L'ÉTRANGER (M)	-->	ÉTRANGER
LA FEMME	-->	FEMME
LA MI-TEMPS	-->	MITEMPS
S'ENTRAÎNER	-->	ENTRAÎNER
LA FILE D'ATTENTE	-->	FILEDATTENTE

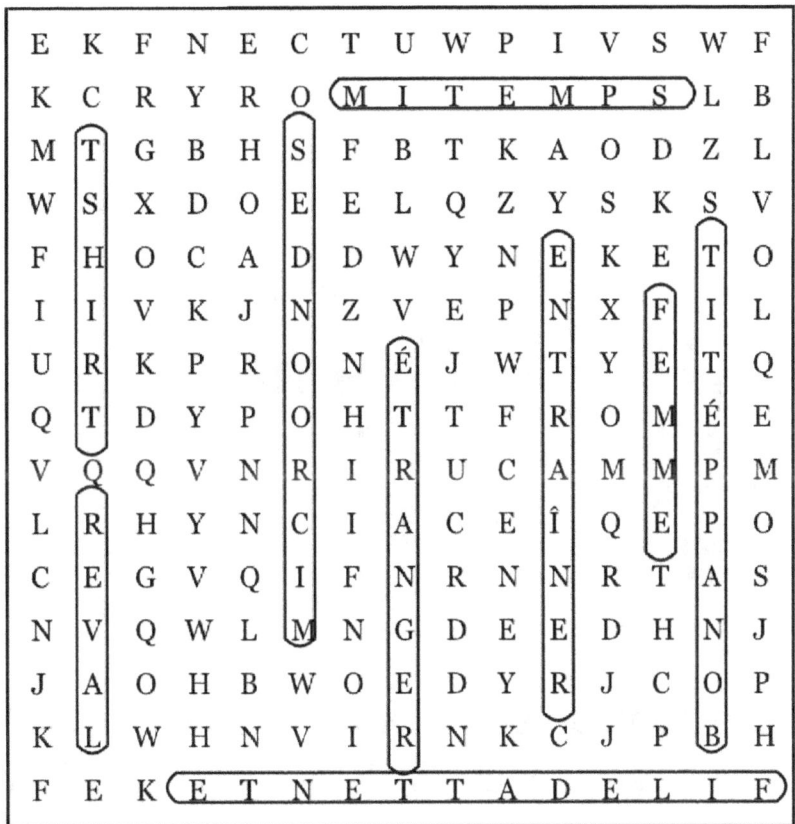

LE MICRO-ONDES	SE LAVER	LA MI-TEMPS
T-SHIRT	À L'ÉTRANGER (M)	S'ENTRAÎNER
BON APPÉTIT	LA FEMME	LA FILE D'ATTENTE

Note: The page numbers on the bottom of each word search corresponds to the number with the solutions/translations for easier guidance when trying to find them.

French Hacking was created to teach French students how to learn the language in the shortest time possible. With hacks, tips & tricks we want our students to become conversational and confident by teaching what's necessary without having to learn all the finer details that don't make much of a difference or aren't used in the real world. Check out our other books by searching French Hacking on Amazon!

If you enjoy the book or learn something new, it really helps out small publishers like French Hacking if you could leave a quick review so others in the community can also find the books!

LES COULEURS

```
G A D Q X Z H S I J R R Y D Q D T R Y H P E P F H
E O V J E H U Y D V O S Y Y G Y Q C W M M U A E W
R B M L P S O Q P Q K A Q L E J E R F K S A C S U
R R M D K A T F B A S E E C U I G S H K X O M S A
E B P I P U Y V K W Q L P U Q E E P I M N C C T L
F V Y L G M Q I N Q Y K U R I W N E R O G F Y C M
X I S Q L O F J G N T T A W R C W R H E U G L T H
M P I C L N V M T Q R T M K B F O V F V T Q X U M
R S R R L N K F R E J F M Q E N E E D F V U R A Y
S J G L W S H D V F J C V O G U D N U O J Q R U G
D D V E V K V Y R V A G G L U N C C D P V R P S T
H A R Q G N Q V E D W M J T O F B H H E O Y C L W
F R I L P N D I E N D M T W R T B E T N N Q V B Y
S K B G Y N A O D R È L V G P M T G L O R U Z A B
E P Z G M O G R C S M B O G A D M N I T K C V R L
O L C O W I T R O L N I É A Q A C R J J P V U V Y
C R M K C S B H I B E V L A N H S K F R E G K L L
B N O E W E F P I D C V O L B L E U S C E N U A J
O L O S F T M O S V L E E V O H G E K H Z A S T W
N V A J E T P D F Q U G T D F N D L P L U E H K I
O T O N K E G O R N D U U O K N Y B K B E Q Y F V
G K K R C T N R I A M O V A W M N Q B Q S L I P N
A I S Q L Z T C W F G R J T K T E L O I V Y D G O
Z Q E B M E N U T P V Q N C U D W Y P A P J V A O
Q J J S Z C R E Z T V Q S B H P N B K H O U J U R
```

LE ROSE	LE JAUNE	LE VIOLET	LE ROUGE BRIQUE
LE NOIR	LE ROUGE	LE VERMILLON	LE TURQUOISE
LE GRIS	LE BLANC	LE KAKI	L'ÉBÈNE (M)
LE MARRON	LE BLEU	LE SAUMON	LA NOISETTE
L'ORANGE (M)	LE VERT	L'AZUR (M)	LA PERVENCHE

LES ANIMAUX

```
F E I E É S J N E I H C R A M C Y V A V L Y F T S
B R B P C B Y V H L I F G T H B Q W L I S F P V A
J P C B U T A U T H W F C J R K G Y C C T W N S Q
C L K W R M H A A É V Q J I C N W M M O M U L O U
E É C L E P G I A R L L L D Y J G G I C G Y N U Q
U L M P U K P O I I I N H R B F N H R H I K P Q J
V É F F I W J A O S O N O Q H M O W L O R H W U N
P P Q Y L U M D T S N A B F L E C N T N A D T R C
A H H E E N N U K O I W F D T I E R P O F F E K E
D A Y U L K L J L N K E R B È Z D Y P A E S U Y L
F N L Q L J K W K P I C U J N Y Q J J H T E Q R U
D T I L I G U A O U R S W M S C I B D D Y B O D L
I A U U E U F Q C N Z K E A O Y D A K F B M R Q G
V F K R B O E L F E L K G Y X V L L I D M S R K S
D D T O A Y J F J Y E P J M K G T E K J E Y E P H
N I N O M N I Q J A U F G B E L R I N D B V P R N
A F P H R C H S V T L Y I B S E O N J F Y C N C I
Q A M G H T D T I O M K Y V U E F E D A G D R U U
Q P M Q W R U W H U A E M A H C G B Y Y F N L N Q
O V F U E A I E D C N F N O T I U N K O U E I R E
O P A P I L L O N L H D H F Y L C Y I U S P I K R
Q M A Q Y J L I M R U O F O V T T J N S A K E T T
L O U K N D G E N P G A U W Q I S K E L Q T R Y Z
K H Y T A H C J F T R J U J I R E R B F W L R I M
H Y T O V B S R K O F O K Y W B M O K C O V F Q S
```

LE CHIEN	L'ÉLÉPHANT (M)	LE PAPILLON	L'ABEILLE (F)
LE CHAT	LA TORTUE	LE ZÈBRE	L'OURS (M)
LE LION	LE SINGE	LA GIRAFE	LE PERROQUET
LA BALEINE	L'ÉCUREUIL (M)	LE HÉRISSON	LE REQUIN
LE LAPIN	LA FOURMI	LE COCHON	LE CHAMEAU

LES FRUITS

```
B G N S R W A N B C C G T K T V F B J G I D J L Q
Y R W M I H K N Q I L W K A H Z T A Y H U O U B L
E N G J J I A B W T B H D B K R J N I E M M O P Y
L Q D K T M P U G R E R I O P M F A I C Y M R P V
E E U N H S L E T O N S P S V C A N G T V U M D H
R Z Q D L I Y W U N W R R Q F N O E Q K O S P T V
C T P W Q Z U B L M U F Y P A V B W T W A W U T F
K D M G J A R R K N L L E N L F R A M B O I S E M
O L H E M K L G E B L G A D E E V P S D L K D L K
H N W T L R V I N C N S T K L E Ê J M R R E A E E
W K P M Q O W U A A D O I L P C L H Q A Q E B D C
C U L P C I N A R N M R I Q H L R M G I K O R S Y
F H L M K E V O G A H T J E U G O R F S K O I L Q
F R O N I N Y C T P R D W O L G Y J M I C E C G G
D E A S N D P E J Y Q C R L U T M E Y N V J O B V
H A W I S O V I M M H R P P K A V N S M A K T S N
D L V F S U T W R I L Y K C U L E I P Û C B W L S
W B E V A E R Q H V R I T P C E V T F R G I R N V
H T C F E Z A C B D A E P A C U S N E E I H T A W
D L V S W Q T Y I V Q U O P Q B I E H A E U Y O Y
B K Y N E I S D O G A F K A Y A B M T S C C L I D
J U Y O L J E J E B R T C Y I Q Y É R O O M M K W
F Y S T L O Y E H C L P P E O B R L D A K J O V Q
P H G Y J C W B L K C K Q I B Y E C G U C S I C I
M M A J V L N Y Y C W F I H Q H I Q G R C Y W U C
```

LA POMME	LA FRAISE	LE KIWI	LA PÊCHE
LA BANANE	LA FRAMBOISE	L'ABRICOT (M)	LA CLÉMENTINE
LA MYRTILLE	L'ORANGE (F)	LA PAPAYE	LA PRUNE
LA POIRE	LE CITRON	LE LITCHI	LE MELON
L'ANANAS (M)	LE RAISIN	LA TOMATE	LA MÛRE

LES VÊTEMENTS

```
J T E M K Q I M R U C A S Q U E T T E D T F U U K
U F I R N R I M E C K L F G M W H T J J R E T B I
Y Q J E M H G H F E D J Y Y C T A N E B T Q Y J Y
N O G R I U Z C K S L V N F M F A Y U T F W N E Y
G D S U O F V K L I P O B Q R J E R S V C K C A T
S F B T H H T I W P Ç P E D S L V T N H R O P N K
F N V N S L P M M E O T Y J P M N E A L D L T C R
D R H I W P F V L H T F W C L A A U P K O L D S
J E T E P C N A K O A K F Q G P S N J R P U H Y Y
F N Y C J Q C W L V T D J S J S G I T I A P F M M
A K Q O M Y Y U V P J K F G E Q W E H E M H B V V
B Y R S N F C E Y W B D T T S O C P O I A A C W T
S M I P N J S G G G Q E T W Y Q P M K L G U B É J
B I J N H J P A B L V E D R O B E K O F A U F W J
V W L D U R V M E S R V T C Q P A C V C F F Y O Z
E S G T S M F W C H E M I S E N F Y L H O Q U F C
S Y V R T N R H S M E V N P E R U S S U A H C P D
T N E I S O J U M K H R U P E E H K D S V W Y Q
E U T H R L W W O T Q H A G N G F P L Q B O D F D
D E A S P A D Y B R A M E F A O P S T L J W I R D
G K V T Y T F W Y I F J P I Y I O S V E A E B Y S
G S A J I N N W E H N B A Q Q H V M P A L F A R N
P A R J H A Y Q T S W U H V N Q O A I T A I L U U
G Q C C F P P E A F A Y C L A O B F Z A O S G G M
L K J E J O D B U U Q W B O Q Q C I P Q N I U P R
```

LE MANTEAU	LA VESTE	LA CRAVATE	LE T-SHIRT
LES GANTS (M)	LE PULL	L'ÉCHARPE (F)	LE JEAN
LA CEINTURE	LA CHEMISE	LA CASQUETTE	LA CHAUSSURE
LE GILET	LE CALEÇON	LE SLIP	LA CHAUSSETTE
LE PANTALON	LA CULOTTE	LE CHAPEAU	LA ROBE

LE CORPS

```
Q F H U B U O L D L I I P C S U T É R U S S Y K S
W S P H M E I S S E V E H E P E V O T V J J B T B
C O R D E S V O C A L E S R R C N B N O B T P D K
S J F I U J K Y L W M A Y V E E Q Y V E N Q Z Q P
R E I N S R N I C K O M D E Y O Q G R D Q T K A Y
A I L L M N C P A R S Q Q A S M P J O J M R R H K
T V A I F W N F V Q V D P U J T O L S R K H P A L
C G N M D L M V I I W S Q U E J M A C M G H A L M
O A G D I W A C G G I I O I O H É A C A Q E Y V V
G M U H G T W A E U F N T Q F R Q A L P E J L Q E
Y D E D N U V M E L O U I J C C H C F D T V K S E
R B R F O D H U F G Œ S Y N O O U O Ï W K H E I C
S B R I M L O M B S L A A I N T K O E M I N G U I
I J E Q U P H N O R T P A I C P R D S F F R N R D
B G K H O M O P Q S N W F C O Y D J T G Y H I B N
H V A K P K H M J Y V I S M H W F I O L W R T T E
L K L T K A N T M R U Œ C T N J L F M C N H S D P
F N A K G U H C R E W R Q B J U L B A T Y M E M P
D L M E S P R D N A D A M E O O F J C I T J T E A
Y O Y K H J C A N Q C A H Q I R W Q E L Q W N N I
B H W S A A S H S J V H D I L O Y S N N F I I Y I
W O T K N Y Y T V W G T É A J Y F P J R V W S U U
P A A G U G I Y J A H Q H E M T S R T S K F O Q L
I H F J E W I N T E S T I N G R Ê L E R L I R J P
U B U B L Q B F T G B H I J C O D A I Q N V G J K
```

LA TÊTE	LES DENTS (F)	LE BRAS	LE COU
LE CRÂNE	LE NEZ	LA JAMBE	LE VENTRE
LE VISAGE	L'OREILLE (F)	LE PIED	LE NOMBRIL
L'ŒIL (M)	LA JOUE	LES CHEVEUX (M)	LE DOS
LA BOUCHE	LE SOURCIL	LE MENTON	LA HANCHE

LA CHAMBRE

```
H R K F W Y K D F L H V O P L A C A R D P Y G Q I
N W I T U P Q F J T A B H T N G T S H P V L L M G
C L K G K A E U A G C J T W M U K J D P S A O T H
A U Y C K F C B I O W F R M F B M I Y V T C J J P
R F S S H W L G S X O E O K Y Q J U S P S K E S W
Y E P H R E O I M J F M A K H R F J R I G R U U Q
F A L V J C U R I D E A U X F G G K U M U W F J F
C Y K W O X A H H J R D U L F O R T A T V D U H E
C D H N J L T S K A D E R W M U O B R G K R K U N
F B V S M H E G K T O O S I A G F E J J Q F W J Ê
M D L B A Q E T L R M N Y I Q P V O I J R U T B T
W Q R R A O O L S L F V I N A U W H M G Q T I U R
M T P N I S R R P A Y P Y R O H Q N V B F S R R E
V M C K K O I E Y L P G H C R K C Q Q M G O D E Q
K W D D M T R U I H F P A E G L S E R O T S O A P
S W K N T A K I V L E T H P E E G W F E O Q D U U
Y E K O R G W J T P L C V T E T T E U Q R A P X Q
C G B F Q I F N M H N E R D C L I U E T U A F Y J
G J D A L Q L A T A O O R R C C O A S M P R U H M
F S J L K M L A L R P O G E L E T W E I M C D Y T
B V B P B C E P C N P V E C Y V V G J D P U B I O
Q D K J K T F K J E F V M N D A L D G Q T A Y U P
E N P W I R D F M N F N W V U V P T M U F V T E F
B Y Q L A H T U B J K H A G B J W B O D Y G G V G
U D L K C E N G A O W O P R L M I C U G G J H H S
```

LE PLANCHER	LES VOLETS (M)	LA COUVERTURE	LE TIROIR
LE PARQUET	LES STORES (M)	LA TABLE	LE BUREAU
LE MUR	LE PLAFOND	LE TAPIS	LA CHAISE
LA PORTE	LE LIT	LES RIDEAUX (M)	LE FAUTEUIL
LA FENÊTRE	L'OREILLER (M)	LE PLACARD	LA LAMPE

LE RESTAURANT

```
O Q K I X E T O U V Q Y N Q L M L B U N V R V U M
A W S Q F T K M U R H P N J S I Z V H B G P V Q B
M W E D N A M M O C W Y J F V C D A T N R P U K L
P P P Y M L U F S O U K A Y D G É A N O G L O U R
S P M Y B U C X B F F A M S W V J A T K U N E M T
U R E L M D R C W O O R C O I L E I D C Q C L V M
U H S P J Q L T K J Z U J P O S U E N A Q T Q G D
A H D L P C T V O G A T R H V W N E N E L H T G U
G Q E A U H B T Q Y H J Q C M N E A R F F Q U B A
W Q Y T A L N A I G U N H R H V R J P R T P L I E
B V U P G B P L Q U A E C O W E K V S D E E W B T
P R Y R O E B B E P T A V E J T T K B I R V L C U
L E D I Q R Y F P J R A E V H B D T S S R Q K L O
Q F U N B S V E A A C E R K B O B A E N E P E I C
W L V C P K T R F O J M N G C I N P A O C O M I D
E D I I K P M E J V G E B Î W S T F K Ç E N K O W
O K L P K Z D F A S T F O O D S R C P A H K V R C
Y K A A I E D O E M F J T S J O L U N L T R Y L W
W O N L A I V P L M P V N K M N S I Q G Q V Q M A
S H R U E É R T N E V L J A R S O S T A E Q U Q D
P R P W V T E D A T R J G D H U K I Y A M F N F V
B O N A P P É T I T Y E B K S D M N F B L L K Q Z
S M G G Q L M D B Y W J I T K Q Y E K Y L P I S S
Y B G H R S J O Y Q W M K M R Y Q A K T M P D C K
N V R G W M H B D B T K W K B T B T Y J D J T F K
```

LES BOISSONS (F)	LES GLAÇONS (M)	LE PLAT	GRATUIT
LE DÎNER	LA NAPPE	BON APPÉTIT	LE VERRE
LE DÉJEUNER	LE PLAT PRINCIPAL	L'ENTRÉE (F)	LA CUISINE
LE MENU	LA CARAFE D'EAU	LE FAST-FOOD	LE COUTEAU
COMPRIS	LE FROMAGE	LA FOURCHETTE	LA COMMANDE

LA NOURRITURE

```
S D K B N H X R O A D T S I O W S M L V Y T F B I
G C T A Q P K G E N L W P J V V B E E S S D G G W
B A S M A E K E E P L Q H E Y W R L B N A A S N M
W O T L U Q T S Q R B M D O K B P O A W U S E R I
R P U G B F S È K J H M Q P F L K N G Q M K S C T
A D E K E W B D U I W L I U R R H K U P O L I A R
J C I O R G V L E H I T R L H O G F F C N J O T U
S Y R K G Z S J B E A L R B E F V V D S L L B R R
V M E K I D J V Q C R C D B T L J A S É P D M V A
Y L S K N J L K R K W K A Q K I S A W C Q L A R P
O E S T E Q K E L B M C S C G P N C W A D H R C L
I L I G B U V G F L H U Î T R E E N T D E F S H
R J T T N E N G D L S P D B C D R I B S T G G L A
D U Â Y T T K R N L U D O I D T D N A U E S A L O
F J P T F H O S R G U D T D S S S P U R H G A I I
S A E P F M O O U E T R A A K H W O A C C O A B Q
T M F N E R M N A T O V R E V B S I L A Ê L G Q H
P N J R U L F R N N I D R S Q F S R T S P T M L C
Y E D M D H P U E B I A L V S O A E I H T H J H O
V H S N J Q Q G O N V U V B F P F C D P E P F M R
R L Y K G L B E E S E S I A R F T G F F Y G C Q A
R G A H S W P L E N A P A M P L E M O U S S E O N
P S B S Q M I B I J H U W A A C B H Q T G N E N G
B Y O K S E S I R E C L I I M T D B N F V Y U T E
V A D M O E O N I S A N A N A Q R C B N I S I A R
```

LA PÂTISSERIE	LE PAMPLEMOUSSE	LES FRAMBOISES (F)	LA CACAHUÈTE
L'AUBERGINE (F)	LES CRUSTACÉS (M)	LES FRAISES (F)	LE SAUMON
LA POIRE	LE CITRON	LES CERISES (F)	L'HUÎTRE (F)
L'ORANGE (F)	L'ANANAS (M)	LA PÊCHE	LA SARDINE
LE RAISIN	LE MELON	LA CREVETTE	LE THON

LE VOYAGE

```
L T O W N P K B B A O S M O P V L G U V C F R N M
K F P Q B K O C C P U N O C B O T E K C I T C N C
B S R V W E G T D L R Q T T F Y I M G G K D F H B
T Q L I Y J E É D A D P Y U U A X Q D T E J A R T
B O V T Q R P D Y L R W W D G A W W E D M P U A
P T B V O A U B P L K E R Q P E T A B H D S L J V
B R A C R U A J L Y H M H Y J M A C S D R Q E R I
F W R T J H E B I J S Q C P D N P E N N E W R N O
Q E Q T A N T A N D P A S S E P O R T F R W A E N
F Q E H G D A H U A Q V M L U U P A W G T V G E A
G P W Y S E B S W D U D K K L T Y Q D T S S T S M
L D N S T H M I A Q H D V Q Y B B L É N I S G E S
T E S O T T A T T E R R I S S A G E C B G J M A F
I H U T D P L A F J O T N U S R O T O Y E B V B S
W L B I T Y S W E D E Q O L J O E E L E R W Y G O
W P Q L K F R E Y N R F A R R Ê T S L P N C H H C
M Y U D D V D G L C U P L U P K G H A V E O K W Q
F Y P N O T S A G H T I K I S J J R G A R S R I O
S O K Q N B V G R D I F M M M L W E E S R W G X W
W V W T E V K A A O O L V S G P F K Q R K L Y E P
R T R A I N Z B A U V B R T N S C S F L T Y C S Q
S A T C L J E W D A O V O L W C W M U V Q A C H T
R V Y L N E I A M N V V Q E É V I R R A T U I E
S H G R M U U K I E V H N P J P L B N P D Q D D W
F W F R F W C Q U M A U D O Q W B H A B W K B O M
```

L'AVION (M)	LE TAXI	LE VOYAGE	LE DÉCOLLAGE
LE TRAIN	LE VOL	LE PASSEPORT	L'ATTERRISSAGE (M)
LA VOITURE	L'ARRIVÉE (F)	LA DOUANE	S'ENREGISTRER
LE BATEAU	LE DÉPART	LE BAGAGE	LA GARE
LE BUS	LE TRAJET	LE TICKET	LES ARRÊTS (M)

LES SPORTS

```
Y A P U T A Y N L Q D J F H N M K V C K L U T T J
E B T E N N I S P E K G I O T Q N F I E J N K O J
U J U T A G Y M N A S E M K P G B Q J L S C M V K
B A O T M O F H E A C E N M W A E C O M A Y M K H
E B E K R I D M B N J O U E R I L H I L O E E L R
T O N A E M J V I A K V T S I M M T H K N K P H I
F O T O N A D B F S S L J M I L I I D A T C U S P
H A U U Î R T Q I O N E V E P Y Y T H N L O B J V
H O S T A Q M L J B R U B Q P F S T E F K H L E F
P N A O R U T G I T B J C A B I R T J M Q Q I F L
L T E W T E D O D G M L Y P L A U S L Q P V C K O
M F G E N R D Q W S U O N J T L C Q K G Y S T C G
N O P U E U R E L T A E V O L N N S É L I E C L D
D A D V O L E D B V U U L T Y C Y H B I U R Q P N
Y S R U G B Y P H A V W T D Y S C M U F Q Q U C O
W V F W I A T G R F V U T E D B J O E K B T O U H
N B E O U S I Q G M F G W G R R W C E C E U U D G
F H V B W V B R F T C R M G Y Y D S R R R J F R S
T J K E V B Y M C R R K K M V J T S K I N X W U V
A C W M P O J D Y C U K R C A F G U R H Y N C Y Q
E C E F T I F C V D J D K W V E A U Q V T T Y Y Y
E U V E V H F Y M E R T I B R A R M Q T H V D I I
U W Q T W R L L A B T O O F X B O Y J R W C H W M
J W S P E V W S Q D N Y A T S U P P O R T E R S Q
V H C W T E R R A I N K W L A C U K A L J B I H R
```

COURIR	LE GOLF	L'ÉQUIPE (F)	S'ENTRAÎNER
LE FOOTBALL	LE BASE-BALL	LE PUBLIC	LE GYMNASE
MARQUER	LE RUGBY	LES SUPPORTERS (M)	LA LIGUE
LE HOCKEY	SAUTER	LA MI-TEMPS	LE BUT
LE TENNIS	L'ARBITRE (M/F)	LE TERRAIN	JOUER

LE BUREAU

```
R Q D K F E J R C K O K N V W E C L Y D C D W M S
K G J D K S S O A B R E T R Q M E E Y C Q Q O B E
I D W A A T B C L P F S N B D C E U G È L L O C A
I C Q K Y A Q W C E D B T W K O T Y U L E H P V O
S D P L D L C G U G W U F O R Y S R U L R O U D I
Q R O E F V A R L D C D M T B R H S L R F R H O K
W J T K J T H W A I K F L D S D T E I V F L S E E
J K B F H R I H T L F C O C U S B L R E H O T N D
H W J P S K E C R W N G O B Y U W F U A R G J O U
J D B T L F R G I G E T M M O S W U F A F E U H J
O J I R A T L W C J C P A P G T L F W G U K N P T
M A D W Y B V O E H P R V M H V I Q O R A S S É L
Y V R R U A L J R L G M V I U I N O Y A R C R L O
P P M U T V T E V D W Q E K D D H E R F U O Q É R
P Q X D Y F D I A E I T U O D N H D B E T D F T M
P I R E I P A P P U A N H U C N H P Y U Y M P J K
U O A Q B T K P O Q B Y A T V H U M A S M M U P I
M Y R F C W O C L U F U B T C T Q J S E A I O A U
V W R T T L R T V A S W Q H E S A G R A F E S T I
F Q W I E J Y I F E G Y V R N U B Y G T J Y U R P
C J N V A B K W E R A U W E W Y R Y I I D L Q O D
L F N K G R L F E U J T R O M B O N E V F Q S N G
P E U G J T S O Y B Q F U C Q K E T H P U T R T T
H Y V W U T U C C Q J P C N J O L R F D K M G F X
U O S O I B U R B P E L Y V D Q R W L M P J S K M
```

L'ORDINATEUR (M)	LE CAHIER	L'AGRAFEUSE (F)	LE SCOTCH
LE BUREAU	LE PAPIER	LES AGRAFES (F)	L'ENVELOPPE (F)
LA POUBELLE	LE PORTE-BLOC	LA CALCULATRICE	LE TABLEAU
LE TÉLÉPHONE	LE STYLO	L'HORLOGE (F)	LE COLLÈGUE
LE DOSSIER	LE CRAYON	LE TROMBONE	LE PATRON

LA FAMILLE

```
K I U Y H J T C E M A Q J Z D W U R U N K H F M F
T W D R W I M Q V T È K H I E R È P D N A R G K C
O C A J R S Z K H O G R A N N T W N B M P O H N E
T J S G O M G H H L V C E D J I S B O T S F W M J
D W L Z F I L L E D R T R T M R O B V L I V D F J
D D I J B P I S S J H D A V G H H W L L I C K J E
F E F M E E T W N F E P R E U M K J S O Y Q U T P
J R T L A W D Q E M P R P Q U D J O G P W B H O Y
O S I M U B H D I F Y F K M Y E L O E C I H V L D
R C T C X J E S S E R È R F I M E D M A V R D N M
D B E M P G Œ J E M N P N G G V T I T L J U O T N
R M P M A U L N E L H C Q S D I E I W R U Œ S A Y
N J U S R N U E K H L E R È P R M I L A Q A D S A
D A G A E B P S Y P W I U Y È U E H F R È R E P T
E I K P N Q I K T A Q D F R L Y L E K C M B L E K
O U M O T C L J U M D B F E J I R W P Y F D T Y I
D A Q I S K Q S R I D U A D T È H Y Y V O N F B R
O F W J C F O O G P A K K P M I N B J P A I U C A
W F C D S P Q U H E J W R D U L T J I T L E S O M
T F Q V M F I A B P Y N N G R W T E S I V E B U R
E P J V F E G V D K U A M O D I N D P E L B Q S W
U S O K C G Y Q N R R R Y W A B S I N C C K C I L
D W G È D T U O W G K L S V C V I D N P K O B N E
D B I Y T E D C N B R G Y J O R Q O B Z U B K K J
P N M M T M A I B M P W W H D C Q R W Z M H R T L
```

LE PÈRE	LA FILLE	L'ONCLE (M)	LA DEMI-SŒUR
LA MÈRE	LE GRAND-PÈRE	LA TANTE	LA NIÈCE
LE FRÈRE	LA GRAND-MÈRE	LE NEVEU	LES BEAUX-PARENTS (M)
LA SŒUR	LE PETIT-FILS	LE COUSIN	LE BEAU-FRÈRE
LE FILS	LA PETITE-FILLE	LE DEMI-FRÈRE	LE MARI

LES PAYS

```
S G K L L H Y J E K H Q G A U S T R A L I E Y R D
C H I L I H H K L V U U J F F P K Y C E K G S L C
Q P L O T Y O M K F B L K C S O J Y A S L H P E E
O Q W E B U E N V Y V H K W R R S E Q W G H P T S
V J S B U D E F J K S G M O N N K B M K M V F T P
E T T L N V G S N H L V P C N F K K C U V B A O A
F E S I K E I R É G L A K E Y W Q R J C P I T N G
T R M H T Y R V V J V L Y I V C D N A I F E K I N
O R Y O S E V L E D N A L N I F G C I M V G N E E
B E Y H E G F O E H E H C I R T U A K S E A A E H
K T G L É G Y P T E É T A T S U N I S M J N Y M H
P E D N G O L B E L G I Q U E E C M K S S V A Q P
T L I G K N C F E Q N P M Y M D U G H K U T C D O
V G A L S E D R Q V P J J E B P K I R J N H B C C
D N P É R O U L F O V E R S R U H N É F M L T S N
L A P I F Y D P R D V C A S É R T B S C C H E Y R
C E K L G G N V Y B K P V I S G L R E O O B M P I
H E C R Y T D U F J P R I U I G F Y V C J S Y D D
F S H H S Y F I L R E O G S L R N D L B N H S A L
A V F I I J N E F A N J J Y A U B U Q T Z J R E T
E Y N J B N S E K N D W B N N N B Q K D K F P P M
L H B H F P E S N K E E C A U S I F K L S Y H A M
S U C V V Q W F J H T E N Q C L V N F H T P X C B
N P J L I D W R Q I R D Q D K W L F D E Y E K J U
I T T D D A L L E M A G N E S E K C W D K V V M H
```

L'ALGÉRIE (F)	L'AUSTRALIE (F)	LE PÉROU	LES ÉTATS-UNIS (M)
LA SUISSE	L'AUTRICHE (F)	LE DANEMARK	LA FINLANDE
L'ANGLETERRE (F)	LA BELGIQUE	L'ÉCOSSE (F)	LA FRANCE
L'ALLEMAGNE (F)	LE BRÉSIL	L'ÉGYPTE (F)	LE CHILI
LA LETTONIE	LA CHINE	L'ESPAGNE (F)	L'INDE (F)

LES ÉMOTIONS

```
W M O G R X H W L D O G C J I N J O C I U I T U J
U B G Q J J R Q J I R O F K N P B L C T I F O F W
J L D G G K V W H A N O F Y S U A M W J H Â U A R
V V E A A C Q N W F U É I F I R R O H Y L C T T U
Y G L H B D B J I B K D U V O Y P S P D R H F I I
N B É L Y H F A B G Q B F D W G D Q M P G É R G P
S V R F Q B N N P B J D S K E P J W U Ê P A U U W
P N V U F T I A L S O O F K Q K C H N B V O S É X
L O A C E Y I T L I B F H G K I É É I I R M T T O
R I N X W Y C P E D T Y E A T T O Y R A Q P R B T
I Q Q D N Z B U A E S I I É C A G A U L V É É Q P
J K A O T N E R É F F I D N I B Q K Y N L T G W P
H L O G L V Y H H F W E U R T Q X A G L N W I I Y
C N É U I D R R W J H T T R P H R G A V T E Y O N
V C S H S N E L U V Y R K O O C J B U C Y E W M F
V W I P D D R K V P I O W N Q W M O I V W O G S N
F L U K R J P G A S N W T N W E P X N P I W A C I
K W P P M R R V T N M E J U U V L D M H K F P I S
O R É R R S F E W B U G U O L H A D U K Y M A H T
J V Y H R V E F I X H M J B N R N S L O R W U A F
N U F S P V P U C V A R R W Q A G U T P N T D B F
R P T X U E Y O J C Q B I N O G T U V K U B S É T
D W T R A N Q U I L L E G R W Z N E M K W H G K
T A K S U F N O C I M D S P J D N I B E K Â I C L
O O H H G C A J K H J H E U R E U X R O C A Y O C
```

ÉBAHI	TRANQUILLE	NAVRÉ	HEUREUX
FÂCHÉ	JOYEUX	GÊNÉ	HORRIFIÉ
ENNUYÉ	CONFIANT	EMBALLÉ	TRISTE
HONTEUX	CONFUS	ÉPUISÉ	INDIFFÉRENT
FATIGUÉ	RAVI	FRUSTRÉ	AGACÉ

LES PASSE-TEMPS

```
A K K A R J K W N R S Q K V O U Y P A Q B K Y K Y
K D W D V T R T H D Y C R V Y L E L C B T A Y A E
W W R L N N N V I A Q J T E G A N I T A P I S H É
N S E N Y B M D L N D K K L A W L T F E L N E O C
T J T V Y T T H Y S F N F G G P H G C C Y O T I H
C C A U D W G B T E K C B N A B S F W W D H R Y E
V V Y S S V Y C D I P H S I Q K C L C I D G A X C
R N M W H I I L P U C A C P Q V M J J E T E C Q S
R N I P A I N E E A P S Z P B P U P Y H K U B A E
C M E D O I U S M C F S S O S O N Q E O R É T E N
T V V Q M H I P G V T E A H D C U Q A R N O R M W
E C B I Q D I T E V G U M S S B F I U É U W I A J
R D Y S M N B K M É S O R P E I U R V K E T I T V
U D A I G V C Q S H N S I E L E F O H H P K U T A
T T H F O P O B Q J O N V W Y R L V C E Y M K O T
N Y Q G U B L A W Q A N O N G A C Ê E A L I E E C
I W R A O E I U K K P R I D T K P I G I K O K A O
E O L H J N F Y W P E V D N N R E V N K R O K T Q
P L S U U E Q Y V É I V G I C A L Y L É P E N B Q
J W N H D J D O G F P G L S N J R N L F M O T G O
P Q U L D U O N J U N T T S R A I K O K V A C O B
F H T J K R O Q Q O S M S E O H G T R I C O T D P
I I B T V L Y F J T G U V D U R K E P K Q U O K K
H C K N P J D S G A B J Q L R W Y I M O K L I D S
A M K N K C R S K B V G A U P V E R U T I R C É V
```

LE CINÉMA	LA PÊCHE	LE PATINAGE	LA POTERIE
LA LECTURE	LE TRICOT	LE JARDINAGE	LES ÉCHECS (M)
LE SHOPPING	LE CAMPING	LA COUTURE	LES CARTES (F)
LA RANDONNÉE	LA CHASSE	LE DESSIN	L'ÉCRITURE (F)
LA DANSE	LA PLONGÉE	LA PEINTURE	LE BÉNÉVOLAT

LA CUISINE

```
G N T L T S D V D Q A S T Q M K J F A C B C U V K
O Y P R X C L W O O D R F W I C F I I E L N M P J
P C J R C V B V Q M V R C Y A O N W Q G F W L W S
C S N Y O E J D J S O P Y H T H R B E R O R O P O
U K M L J R T U W M L É V I E R I T A V S H B G R
I A S E Q Ô L T C O S D R L U C A S S E R O L E T
S E N R U T M Q E W Y T S P G A K E R È L L I U C
I U F R M I K D T I H L N N E I E U C O F H H K C
N O U E F R W D A O V V A E S W N T N L N H B W V
E H I V F Q S L S P G R T W M T A G U L K E B H J
R U C W Q T K K S S W L E D I I V L K O T B S Y V
H D J O N C D V E K U J G S F N D D V T C H L I D
J B L V U W Q O V S T Q P S E M V N E R F Q G W J
L C D S I V U R M L V S Q C J F O I O O I M Y M Q
O U M E B T E R I U C I D A K C S D J C I D S A B
N I Q D F J A R E F A R C Y E S I V G F D J E K C
A S N N Y K Q S T F P J V H A L F S G U U W C J D
T I K O P B Q C M S G I F O U R J R O O V U D K B
X N I O F W P T F L H H B J V B B T I P F H I N K
C I F R F H F O U R C H E T T E A E D R M K M U F
K È B C F J K A D P S B Q E G I M L H S E K R F M
I R Q I K V H Q W E F L P R R D F Ê K P E G A P T
X E K M A V O E K G E G I Q A H S O N B G M V F L
D E W C A H P B K P A P T Q U B T P R S J W S U E
K J R M B V B F B T R F M P D R N D U S J G M W G
```

LES COUVERTS (M)	LE BOL	LA CUISINIÈRE	CUISINER
LA FOURCHETTE	LE FOUR	LA POÊLE	CUIRE
LE COUTEAU	LE MICRO-ONDES	LA CASSEROLE	FRIRE
LA CUILLÈRE	LA TASSE	LE VERRE	RÔTIR
LA SERVIETTE	LES CONDIMENTS (M)	L'ASSIETTE (F)	L'ÉVIER (M)

LE CRIME

```
K R T A G S E T T O N E M P R I S O N R A I K X H
Q S Q C K H G O F P E G A L O I R B M A C K P N B
H Q F W J J W U H G D B K E X T O R S I O N J J R
I O W C Y W H Y D B E F Y P O T D E V I N V Q C A
V R W G K G K R M A M J B U E A J N N U U N F Q
C N O U Y P K W T Q I U H J Y M Q P O P S T F B U
Z N Q E W L O F V T R H R G C E V V I I T C Q N A
N O H S O V K K W T C V G P U N A D T M U H M H G
I I E D H R J L I M U N R O T D V Q P M C B P F E
Y T U É D Q T I L É D P P W Q E J I U A L K C V U
F A T P E D L L Q L V S N T T H W R R Y T Q M W L
K P D O P T N E M E V È L N E O U T R D K H H I J
F L B S V J K Q C D F C K O T A G E O M H N A O W
Q U B I R D G W F Q U B D V Y L B U C M H Y G W C
I C I T E Y Q C P R M G U U R H L U K C R R O H R
D N L I E Q V L O E A M E U R T R E S L M J A U U
G I W O H U O H I J B U Y H O U B K G A N N V Q I
U K P N T P J P G T O E D M P X G S S E T N C M G
U B E L O D Q L N F R G A E R V V L G A A Q O R A
Q V S S P N L T A V J N O I S S E R G A L Y N J A
V P V O U Z S N R E Y U E D U D Y E K P R L R A G
S Y N U N S L J D S P V D V A H M Q Y I D Q F V M
N A A W N J Y N E E R I R M E Y H F V I C I M E W
O J G P G U C I R G M F N U U A F U K J J J J U L
G F A H W K J I D F B P S H P J A E L O R N G C K
```

L'ENLÈVEMENT (M)	LE CHANTAGE	L'AMENDE (F)	L'OTAGE (F)
L'AGRESSION (F)	LA PRISON	LE DÉLIT	LE BRAQUAGE
LE CAMBRIOLAGE	L'EXTORSION (F)	POIGNARDER	L'AVEU (M)
LE POT-DE-VIN	LE CRIME	LE MEURTRE	LES MENOTTES (F)
LA CORRUPTION	LA FRAUDE	L'INCULPATION (F)	LA DÉPOSITION

L'ESPACE

```
P K S N E D E I S B A P O S M C N H C S J V S U G
F W V P Y B K V C T J W F O A C L U N E Q T Y U T
A R O E N G M E M E T M F Y R I W E F R W Y K R P
K U I P O L A G R U O Y K I B E O T K R J G C T O
H A E V L Y B U P B W O K G U L F R E W J D O L S
V Y L E W A C D C N A J U P I T E R Q R V Y U O I
B Q A M G R N T N T K D W M I H V E P B R E O U H
S F C E E J B È F S J Q P B O R M S I C S E T P I
Y N T M M B G J T J R L E T S U C U W F G P O M N
S O É J U F E U A E F D M K C K P E H O R D G K U
G R E I B P I O P L Ï I R I P B U L B I D S O W G
G U J M K Y L M N O J Y W B L H M U S F P C H L W
Y M Y G K F I U R P U C V C U C I B L N H S P A H
H N C M A U Q É T C U G W Q R G C É Y D B R E L Y
G B E L O E T L E O R N B B Q K L N D Z N E M E Z
Q D T Q B S M Y P M N F E L I O T É F F D V P T M
M U I N A R H P U I O H J X D C T E J A W I R U O
T H R Y Y R I J B L R N W G Y D R E W K P N M A J
N N O P I A R M O H H W O R R O H U T F U U P N C
A S É S A T E L L I T E I R É T D V K È G A J O P
O V T B P T W A U Y P O P T T Q C C V I M G L R E
B B É G G G G T M Y R S É B W S P B U E S O W T Y
S J M G A L A X I E U M K Q F U A K J L K O C S N
V I T V O B H I E É S U F O J I K M H B I V A A J
M H B O A J Q A T J J O R B S D K F A M M L S A C
```

L'ASTÉROÏDE (M) LA TERRE LE MÉTÉORE LA PLANÈTE
L'ASTRONAUTE (M/F) LA GALAXIE LA MÉTÉORITE PLUTON
L'ASTRONOME (M/F) JUPITER LA LUNE LA VOIE LACTÉE
LA COMÈTE LE SATELLITE LA NÉBULEUSE LE CIEL
L'UNIVERS (M) MERCURE L'ÉTOILE (F) LA FUSÉE

L'HYGIÈNE

J	Y	A	Y	H	S	K	J	K	H	V	R	P	G	W	W	M	Q	V	B	J	L	W	T	J
S	F	T	O	Y	E	T	T	E	G	N	I	L	N	B	H	U	C	E	G	I	N	Y	W	G
D	P	J	P	E	I	G	N	E	M	U	F	R	A	P	M	T	J	É	P	O	N	G	E	O
A	B	A	I	G	N	E	R	U	G	W	O	E	R	I	A	L	O	S	E	M	È	R	C	M
K	X	O	N	K	A	W	Q	L	V	O	D	U	T	N	O	E	R	F	H	V	R	V	E	N
L	B	B	K	C	D	C	S	E	D	F	E	A	H	I	D	I	L	I	W	W	G	J	Q	M
J	A	E	S	U	E	U	R	G	P	V	Y	U	H	D	Q	D	F	A	D	O	M	N	F	E
T	I	R	K	R	A	S	O	I	R	I	P	I	D	E	F	J	Q	R	R	V	B	C	P	S
K	G	P	G	Y	O	E	R	I	A	T	N	E	D	L	I	F	K	D	Y	F	B	H	T	T
T	N	O	A	S	D	W	Y	O	D	D	C	C	Y	F	L	A	V	E	R	H	E	I	C	E
G	O	R	G	G	E	Y	F	T	É	W	T	G	E	D	T	B	F	F	Y	T	O	O	I	V
S	I	P	J	K	U	T	Q	O	F	S	L	N	H	À	C	S	G	P	N	M	T	C	U	Y
S	R	M	G	I	R	D	D	B	H	W	C	N	H	J	É	J	N	E	O	O	M	U	C	S
D	E	H	Q	G	F	O	K	U	P	D	V	B	R	O	H	P	A	H	N	P	T	J	I	B
J	N	V	T	V	R	D	H	C	S	G	R	L	T	T	D	M	I	T	M	U	E	K	T	A
P	O	E	K	A	R	U	E	F	C	J	G	E	T	B	B	V	I	L	Q	Y	E	Q	Y	M
K	W	Y	N	I	S	R	I	V	A	K	G	S	K	M	V	G	E	X	E	É	W	W	A
W	L	T	Q	U	F	C	W	C	E	D	L	G	Y	K	E	J	L	P	E	R	T	R	V	S
K	L	C	E	R	E	W	U	B	R	R	P	B	R	Q	K	M	C	U	L	S	E	I	V	C
L	P	Q	M	T	R	B	Y	G	P	K	I	U	A	U	X	N	U	F	H	L	R	O	R	Q
E	T	M	G	D	V	R	K	W	R	B	G	A	T	I	B	K	L	K	I	I	P	H	G	O
H	D	U	M	E	J	U	H	Y	L	O	H	I	V	Y	H	P	B	Q	E	I	O	C	W	W
K	C	T	L	M	R	R	K	U	D	T	K	C	Y	S	Q	H	I	E	W	J	R	U	P	V
C	O	H	N	S	B	Y	G	C	D	J	O	B	T	V	V	H	D	P	W	Y	P	O	M	Q
F	I	O	V	B	G	O	Q	E	C	I	R	F	I	T	N	E	D	D	O	A	C	M	L	H

SE LAVER	L'ODEUR (F)	SE BAIGNER	LA PINCE À ÉPILER
LE RASOIR	LA BAIGNOIRE	PROPRE	LE PEIGNE
LE DENTIFRICE	LA SUEUR	LA PROPRETÉ	LE FIL DENTAIRE
LE PARFUM	LE DÉODORANT	LE COTON-TIGE	LE GEL
L'ÉPONGE (F)	LE MOUCHOIR	LA CRÈME SOLAIRE	LA LINGETTE

LA TECHNOLOGIE

```
D Q U Q R G K Y T M P C K H E E I E D O M A Y L S
F Y H F P T É L É C O M M A N D E G G R S R D P E
J X R F R Q A L I W L W R N B B F R E U Q I L C D
Y J D G M I G S I T E I N T E R N E T K E Z O L K
A U N S B D V F C P M E A H G X T M D W D A R P S
C T S S I R U O S S N I J E W R E T T E L B A T G
T O R G K U M K J N O V N E N G P B M A D S L K R
P E S H A A E V J L B C D H D I P M A H H N P D H
G R W C L E T Y O S E C T D R E T C E N N O C E S
R S T H B S T S B I W D S R U E T U O C É M R M Q
Y U K P G É R P N T Q P Y J I L E I C I G O L K L
D D T B M R E T M R I S I A P P J U K J R M B K É
V J V L I R E U R A C H Q M O V G P Y Y Q Q G N L
R Y E I T O N I J E U C K A A H Y R P S B S G J E
N C B F D U L E N F I F U F E U P A R M R K B V C
V D Y S J T I G N F M V D F S W K N I C E D K P T
C L F N T E G D N O P D A N B K D I S E G U F A R
S Q F A A U N M A B H G A L L D M B E W R K U Y I
S V K S V R E P K O S P W A C G A Q A C A Y E C C
O J T U A M F I C D K M T E U V L D N Q H S K L I
O S W N O T O P Q J V A R R D T K K K D C I C É T
V F P P C E R M G M T W C J A H P I N C É D T U É
P F P U T C T E N M Q H R T P M B A F N L O P S I
O J Y P C P T T L E I R R U O C S T E E É Q R B O
K P T J U Y P P V W S T J J H N U T N G T S L V O
```

LE COURRIEL	L'ENCEINTE (F)	LE CLAVIER	SANS-FIL
LE LOGICIEL	LA PRISE	CLIQUER	TÉLÉCHARGER
LA CLÉ USB	L'ÉLECTRICITÉ (F)	LA TABLETTE	METTRE EN LIGNE
LE SMARTPHONE	LE RÉSEAU	LA TÉLÉCOMMANDE	SE CONNECTER
LES ÉCOUTEURS (M)	LE ROUTEUR	LE SITE INTERNET	LA SOURIS

LES ADJECTIFS

```
R P A U V H S A K H N U W I K C V P G J Q G W I C
Q C E C C W G J F C A P T I V A N T M N W B F F A
Y E E D F W W O V W S G R M W E T I H X A U N U M
R E X N D H G M K T N A M R A H C E D Q M W D N A
E U H O A E X I N V J V N X E T F X L O I A T G U
R B W O N A B E T C B B U U M K E G K B C E C Q V
L W G I G N L R H Q O E A M L E H V U I I R Y B A
D I U E E N K F C N G C U W A L C D E N V R Z H I
Q N E K R P W U N A N B C I C B M U L U P O R R S
J T T E E V R S R T J K A U J L X G O J O H L O C
V O F E U W N U T N S E A M P F U A U P I T U S H
S J M S X O O J I H C H U N I É P R A P O S P J G
É O U M S C J R I Y P T K A L K S O B R B L O W P
D Q W Y N B O N K J W T F F B B B L L O Q P C U F
U H Y A E P A J L Y V I N H R T D F E P P C P U W
I E O L E L D C A V T D B A Z F P F W R D V B R R
S O Q E A R R O G A N T A L S Q U U O E M I N C S
A P B I K G T Y L V Y R A K Z R O T G C Q O M U R
N W B C B E M T N A S U M A A N E E T S L O O W S
T I F U I J A M A G I S T R A L R V U K J P Y I K
A S B S N O N G I M L B S S P R J O N O I Q E P A
D T P M V H I H K D I Y Q O R K K E A E N A N D E
P O U M B A R R I V A R H R I A K I T P R E I R Q
E N N U Y A N T Q U O G E G A R Y E K M B U C T W
K D U L Q V Q J J S D P C S W N B K F F P D Y J C
```

ARROGANT	MAUVAIS	COURAGEUX	MIGNON
RENVERSANT	DANGEREUX	MAGISTRAL	CATASTROPHIQUE
SÉDUISANT	GROS	OCCUPÉ	CHARMANT
MOYEN	AUDACIEUX	CALME	BON MARCHÉ
HORRIBLE	ENNUYANT	CAPTIVANT	PROPRE

LA MÉTÉO

```
M V P J H O J L H W Y V S O N I H D Q M D P O H A
V U O V K T T Y N E M R Y C E R X U E T N E V P O
H W D J B L J É L E G S K O J N A G A R U O D J O
O V Y M E R V H K C M H R L A Q T A L E E W B B F
P F Y V N F U A M E T Ê P M E T T D P L U I E Y Q
J F N V C C O M M O L Q T S G L Q L J H C J F L O
R O T M O T Q L E Z O I J Y P G B B I E V V I K T
H M P H I G N K T U E N S O L E I L L É B F T G Q
H G N W E Q V C K F X Y P F I N B M M F Q L H V E
J W N U V R L B A O Y P J R K I U Y O O R O U T Q
H Q R V P E M P I N A T O W I L Y A G Y T B V N K
W D L E V M O O J A S P X Q B N L R G Y E D V D C
S I D A K H A Y M G Y S I K S D T C K E J S W U B
F S V P F D H W V È F F T S S H M E U W D N K A A
H B K N F U R B N S T R K R G J I D M T W H W H D
B A G P P J Y E I P A R V J O N W I N P E J I C E
K N U Q I L I O C E I J E Q J W M E C K S F A J H
Y G H T I G X L C J P C A A L M G C D J É T É U R
B U E U E L U S L O A N U L O J F G O I F S I M P
H E W N L G E Q V Y J J T H R I I H P J M D E B A
L I M K T V G Q W D L A O B U N U G O O B U I D A
Y W V R F R A I S H Y K M C O A K D U F U V H J R
Y S I E Y D U C K E Q N N H H L U H C C J R A J R
R G I O R R N R K S C Y E M L O L U R B N L C B M
W U Q N O R A G E U X I T H U A V E R S E F A U R
```

ENSOLEILLÉ	LE NUAGE	LE PRINTEMPS	GELÉ
VENTEUX	L'AVERSE (F)	L'ÉTÉ (M)	NUAGEUX
FRAIS	LE THERMOMÈTRE	L'HIVER (M)	ORAGEUX
LA PLUIE	LA TEMPÊTE	L'AUTOMNE (M)	HUMIDE
LA NEIGE	L'OURAGAN (M)	BRUMEUX	CHAUD

LE CINÉMA

```
T N F E S T I V A L R G M Q M V R R Y W R F L P H
U E M U A W I O J E W A M Y V P K K P G K S K T A
L E P E M C R A C O M É D I E T O U R N E R M M Q
G Y V G V I T R Y É T I R B É L É C O N U S P U M
Q E I T O L J E R I O R T L Q S C H E G L O A S O
T I C M Q G G J U A S V B B L O C É B Y N E D C I
P K H E E U M B L R S O K J O N D J C X I R P B O
H I H T E L J T T L Y S E W T U R C P R K F A D J
U T K K I P E R S O N N A G E E M A S J A N S N B
Z Q S S L D J T C I V M H L G M D Q P K D N B O P
H M W Q J A M I E U Q I S S A L C N C E F B D J U
P R K A H I V C P C B N R Y D J C W A M B S J C H
J B P T J N I Q Y R T W A D Q R U N M U V U É D P
R D C Y M R N C W T O L A M T E N N B R B L O S M
Q L B Q T L J T E V A N C N B O E P M L È M V W L
B L J C D G N N I V N G A U N J Q E R B M K C U A
A I A C I U P J P V P W J C M Y S N R U S D C V J
G I D I D U S K C Y N A E R L R T E V A B C O F I
M M M A Y Q F T B W F E I M Q Q M J P P R L V J L
L P Y E L D J F M V U Q P C Y K K F U U K E Q I C
I B A G É N É R I Q U E H R S E T T E L L I A P D
F V M Y O T K I Q V R W M F N Z L Y V J B N U H
H N O H Q T A P I S R O U G E V M T M K Q Y U M N
D O E R I O S S E C C A W T L P U B L I C R L K R
G B C E Q P H V S N D H I A I A R R B T A O F O Q
```

L'ACTEUR (M)	LE PERSONNAGE	LE GÉNÉRIQUE	LE FESTIVAL
L'ACTRICE (F)	LA BANDE-ANNONCE	L'ÉCRAN (M)	LE NAVET
LE PUBLIC	LE CLASSIQUE	TOURNER	LES PAILLETTES (F)
LE PRIX	LE SON	CÉLÈBRE	LE FILM
LE TAPIS ROUGE	LA COMÉDIE	LA CÉLÉBRITÉ	L'ACCESSOIRE (M)

LA SANTÉ

```
O R Y I J V F K S D I O P L E Q G Q P F S L L T U
M K B V T C U A Q L F V M M S T R Y Q J O B D F T
U W E K N U J J N N S D F Y E N Y O R H W G W P C
R L C D C F R C I A V B G W I C N K I J D A H F D
S C N J Y B D G R S D P F P Q O N M A W L Q Y F Y
B R A À Y G J G C Q R É M D H F E A W U Q D P W L
N E D O N C S H Q P Q P M I F B Y A L V J X O Y Y
Z S N R O G L U C I D E S I V D L D G A E F C I V
A E E C N U T R I T I F F D R R K I F Y B K A E U
J P P C Q E T T E K Q U N U C P E B V S A N L F P
S M É A E I R Q H S S E B M C J M S I Y I J O O A
D D D W R P N V K A R N B B P H J O S L H S R T K
I I E J J R R B I T W R H U M T R D C E A U I E B
O F P Y F E J O T C B O U C A N F F H N H N Q M O
P Q H T L S C U A A L W G Y P P Y B C F F F U G O
R D M C D C O L P L M M A L C E A P D M P R E Y I
U Y O P V R N I O H T F D I V U I Y A I F I B G S
S I G I B I H M G D O W H G A Q W W C N K R L R K
Y R L P H R N I R G F Q W A O I E S N C T É T I C
K O P V T E C E L C Y M A W U G L Y W I W U Q P H
S T B N N Y F N Y I R C G H S O A S V R D G K J Y
Y L D G N S O O H R P I G E A L F N V S G L B M Y
S L Q V S A B G U Q C Y L A N O J G S G H P T N B
H F E I D A L A M U N C V K S I U C P N L S S H W
R Y D N M L J E M R M S L U J B J C W S D G Y U T
```

ACCRO À	LE COMPRIMÉ	LES GLUCIDES (M)	L'IVRESSE (F)
NUTRITIF	LA DÉPENDANCE	LA MALADIE	HYPOCALORIQUE
PESER	EN SURPOIDS	GUÉRIR	PRESCRIRE
BIOLOGIQUE	LA BALANCE	LE BILAN	LE GRAS
LA BOULIMIE	LE POIDS	IVRE	MINCIR

LA POLITIQUE

```
V A É V É N E M E N T M E G I Y E G Z V G D E M A
E B H G F T É L E C T I O N O H O G B N N F Y U I
I C J C A V N K T W Q P F J T G H Y G Y L D Y L I
U E G V Q B D G V M W D D D K D N E I J E M I R C
U S V G S N E I B I U B I D T P S I K A S U K A V
C D S I K L T L R U I D R S H R T C H O M A L T I
L A Y N G K T R H H D O I I U Y N N D E Q M M K P
P T A C W F E B E E S G G C K V I U E K C N T H N
S L G D I S C O U R S M E W L I B E R T É H L K S
G N V K B U S Y O U R J R T U J K I O K R Q Y S S
A Y U S D Y D D G F F E Y M Y K V N G F O I E A Q
F F A F S H É W V S P M U O A I L J A S O C D F W
N F J U C M F M H G O L O G W M S D N I C W B B Q
D O M T H N E E T T É W I O H P M T E Y H O B C D
T Q O Y E T N T I H O C B R P Ô L B J M U C D P C
I P G J E I S M F T F N O U G T C H F V C K E F H
L O M W J T E F M B A L F N P Q I S E Q K S B N O
F U G É C O N O M I E R I U O I S R R K I H W A E
N V A O L H Y R N N D L C P N M N B A R D S W O M
O O A M V M C F E R Q J T O B E I N C V V O I V M
C I J R W C S O O L Q L K B M B S Q Q E P J E O J
G R E B M M V C T C W H P E O É Q Z U Y E N P R E
A O W G E É C B H I F F N N M E D N I E L W B A E
Q Q J F A A E S U A H T N I M P A M Q C E H P Q J
Y N R G Q Y L O W D N M W X Y C E U M C K Q C Y D
```

L'ACCORD (M)	LE CONFLIT	LA DETTE	ÉCONOMIQUE
L'ARMÉE (F)	LE CRIME	LE POUVOIR	L'ÉLECTION (F)
L'IMPÔT (M)	LA CRISE	DIRIGER	L'ÉVÉNEMENT (M)
LE BUDGET	LA DÉFENSE	LE DISCOURS	LE GOUVERNEMENT
LA LIBERTÉ	LA DÉMOCRATIE	L'ÉCONOMIE (F)	LA GUERRE

LA LOI

```
W C P B Q B K V J V G T R I B U N A L I K W L I O
Q T B M K O U W V Q R N M J S B É T H F U I R N T
U Y S A J J É Y B Y J I L C F G G P F D N I M É E
J R E H X M G R Q N K T I F A R H R W É E V O G R
T P R O I I E Y K B W Y U L N E J G H F R O W A U
P S T R T D A E O D L G J D L Q Y T O E A G U L T
F Y P T N R W P D O G A S J E P K O E N N H O I A
I P É T R E B I L B E O W T V O B Y Y D V R D T T
O F E A N A L P H A B È T E K H G O S R U D J É C
K I É E C D A J W O H B C Q J B N D D E J A Y A I
Y I M M R J B U L B Q R F T U V U O M O E R O L D
U U R G O G U S I Y U A D V G G O I Y E E F C L B
P P A M Y I S T B A H F T A E C C R I G T E U W S
V Q O V A K E E U H L C N A R G S T B O I R N V D
N J W C N H R T B N H K J R R F A N D A A E B T P
P T D G C S É J Q K N G I M Y R G Q H K F N W U G
A W F I E I N J U S T I C E C A K Y T C É N W G R
V G U G A E K I L J H P C O U H Y M N M D O U Z I
K N O L V Y N G I U J L M S L O U T G E B S Y W V
L S I G F M Y K S O J É E W K H V J B U M I T V P
N T D W E D E P S Y D N Y Q T Y J Q H W B R I D H
T I R R I Y D I F W A J M D S M P U I I W P W G A
A O T S D W P B E I D A G F W P V J B D B M W E A
G R C C H W J K X C Q Y W A J Q K T G E P E A I K
D D C B Y O L L R L J F N L U K C J D I Y Y M T I
```

LES DROITS	ABUSER	ANALPHABÈTE	LA DICTATURE
L'INÉGALITÉ (F)	LA DÉMOCRATIE	LA PAIX	L'ARMÉE (F)
L'INJUSTICE (F)	DÉFENDRE	ÉGAL	LA CROYANCE
LA LIBERTÉ	EMPRISONNER	JUSTE	LA CRUAUTÉ
LE TRIBUNAL	JUGER	L'OPPRIMÉ	LA DÉFAITE

LES VACANCES

```
Q J O E N G A T N O M G R G D R Y F I M S K I F A
B U S R P W U N H N Q U F R E Z N O R B Q A S V V
W A T R E G U O B W R K J P S S D K T H B T F P D
J S C N W D J A T A M P G L Y W R M E C L V N C Y
Q D T C S W É J L Z S H O J F E T N J V A X D J Q
F C I L I E I C J A B G O V K C Y J A O E F L W H
C G G H M P R E O C A L B V P É M B R C L O I D W
J U J H P N N R W U F G C K I T F R T W P P E F Y
O O V I K G J R C S V C P K B R S F H T R T L G L
R U Q G A F V Y K K C R S D N A Y G J N E Q O I Q
T Q H P I I H B R A J I I S Q N H F G H G B S G E
O P M I W J N E M H K L O R S G V R L E N R V K R
M A K G G L M P N S F D M P G E E E O S A A P P È
C O J W N E I Y E E C V B A Q R U U B D R A L A I
P U I W D N Y D R W L W B Y T A M O C C T W L M S
G G M L G I N R L U P I S G S K K L P A É P S E I
T U A H M O G E D L J V C K R P R M E E S D F K O
Y M S K I P S U Q K W W P U B J U H I E Y U P V R
F W R T M I M Q K K K I H I R F A G O R A W C J C
A E A L L U W R P K S I E H E L E B S D P I G O W
G T C A Q K J A D R V G A V G R T N F K S W Q W Q
S F V W D L J M R E T R K N A Y A J O I H K F U Y
C W R E U N I E T M D N L U N M B V Q G T P S U N
P C M V T O Q R F V N Q H L G G V P N O T N Q W C
I T T A Q V J C V C T R A H H I E L R I V Q V D P
```

LOUER	LE TRAJET	LA STATION DE SKI	LE BATEAU
LA MER	REDÉCOUVRIR	LA VALISE	BOUGER
RURAL	REMARQUER	LE MAL DE MER	LA CAMPAGNE
BRONZER	LE SOLEIL	À L'ÉTRANGER (M)	LE CAMPING
LE PAYS ÉTRANGER	LA MONTAGNE	NAGER	LA CROISIÈRE

LA MUSIQUE

```
W G B J C H A N T E R B K H K S J E R F R P E C L
V G Y Y Y O P H W R G L F B C J R L R E L O Z J J
A N S O W E J G C D W P H Y D W M J L U M K H L C
T D M E S S G I N K G H D Y L D L I P Y W P I U B
N U H C P G W E T D C L F V D Y P C O W I S W O F
I V O K A M C O M P O S E R Y T O L O I Y P L S C
M O K H I S Q G M O J Q F C J B E M H T Y R K H V
G F P W I K Q D Z Y F N P H L A Y Y B G M M A T J
C T Q Q P P E U O V U M G U R J F T C T N N H R J
O S W F A A H U E F T O E I R U N P C N S H L V T
I S N P E I R O Y N P S N I Y S O F U O N J Y N A
X F I G O Y P O P O K U G A R P N Q N W Z T D T R
J R D W C N U C L T Y S V I I H F H O Z J L T S S
Q A M J I L A J J E E H V Y O P G V M Y I V V X D
C L V Q N H B U T H S S G I S S U H H Y F O A N A
A J C G T B M K W T O E D F U Y K D P F I N N A J
W L J C E F K T O L D F L B Q V I V R X O R A A E
H V E H R C H T E L K R H R T C K R L E R I Z F M
T R Q A P O D N R M M U L O P I H T C E U Z G C É
H K H N R B T Y C P P W W C Z E H O J P N O K H L
D B B T É M G N D M W O G K T J M L O V R V J R O
R Y G Y T U G M A R T U R U Q R E T U O C É R C D
L O P F E N H P L J T C Q N G D H V L F Y J U M I
O I D W R T A V B Q G N O V M X J J H E L K D Q E
H B T E N E R T S E H C R O Y L C H I F A W B B V
```

LA CHANSON	LE CASQUE	LES PAROLES	LE BLUES
INTERPRÉTER	JOUER DU PIANO	LE HIP HOP	LE JAZZ
LE RYTHME	L'ORCHESTRE	LA POP	LA MÉLODIE
LA VOIX	CHANTER	LE ROCK	LE TEMPO
LE CHANT	ÉCOUTER	LE SOUL	COMPOSER

L'HÔTEL

```
P F A C T U R E T E D Q E O N B R U Y A N T C B O
C R W D F D W S M A S C E N S E U R H J R N E I Q
S L O W T L B B N O I T A S I T A M I L C O H T N
E I É P V H C A L L I N E Q H U F M O H H A P S K
Q U A I R A F L L Y V T D G E H K E L B A L R Q J
E D G H L E T C U A I J V O G M K H U N M I T W S
Q F C H M O R O R E L L I E R O P Q P N B B B O I
N P C R Q L P N Q J P Y T E U C Q S L A R J G G N
W K P O A Y A D S W H U U D N P N V I R E T J P H
C J K O H B S G J B B K V D L D Y S C V U H N I O
C N D M K C R S P E E R O W G N N T L W I F W S A
P Q L S D P N E J O D K G T U Q W S Q F A W H C J
G P Y E L R T M J K R I E D Y K P V V A O P P I N
I D O R Q A G G F J L S T M M S S S P Q L V N E
R J G V P B B G L I G N M R M O F I E L N A S E V
E A M I D I P N T I B W G O V J N R H O Y C O N K
M Y W C M N L M T O M R I R K D U O M T G A T O A
V H T E A I A E T J N W U T E T E K I V Y R T O B
E C M Q S M I C Q O O C O I R V L O G T I D W P Q
R S Y P Y J N G D C Q H F E T S R K B U P O R B F
G P D B G U T G O R G A V W J K J E Y N N E U U J
D M T J X J E B E L Q U E D F H S W S L L F C E N
F C D O K T L Z U L O K T W O Y Y L U É E R S É M
G L L U W I V Y V C D F Q H H A E M K S R R G B R
P N S J O T K Q P J O V M G Q Q M N U D A M H W G
```

LA CLIMATISATION	LA RÉCEPTION	LE ROOM SERVICE	POLI
LE BALCON	LA COUVERTURE	L'ASCENSEUR (M)	LA PLAINTE
LA VUE	RÉSERVER	LE BRUIT	PROPRE
LA CLÉ	LA PISCINE	BRUYANT	LE PLACARD
LA CHAMBRE	LE MINI-BAR	L'OREILLER (M)	LA FACTURE

LE MARIAGE

```
G N C W L Y D K U J U Y J A B G C F S M S O S B W
N Q N I P U N I O N R Z V D P L S F L B A O G G R
Y B G C L E M S B H E L K N F P N W Y D N D C M V
D K B O M O O E Y I I I C B G F K Z S U S E É U P
J A U N A B N T A Y W B O A G E H C T P E H R S Q
J W A S R Y A J E H D E N W Y S E I O H N L É S E
Q U T E I F M N D W A R C W Y I S Q P I F U M W N
U U P N É I O E H E F T U V G C E I K N A R O Q P
L P L T V Y U O D V I É B Q G N I V P V N E N V A
S E T E I M R W B Y E Q I B J I D P L H T L I F Z
V M A M O Q F F Q D C L N P K B O M U K C I E Y P
F M O E D G B P K D C R A I K N U I N J G G P V F
A O C N A S H N P W C L G D L W Y P E G K I T D S
A H M T P C N M U I L W E I R A M C D E P E J P E
C V B Q Y T Y O J J Q V M S L E E H E N V U I B H
W P E E J P C E C A R C E Q W L M C M V F X O T S
S C L F G M Y E L Y B A B T Q I H M I E Ê O L É Q
P F B P D E S C E N D A N C E N C Y E B R R A R V
V C M Q J D T F O V G T W C L D L L F I Q O A S
C T E O A H A A U B F O B P W N B E Q Q N D G P X
C N S S G W O V N E Q K O F N I U Q Y J D Q M É G
I L N M T C Y V É F D T N I F N J A J X I U L S A
W W E O R T F L K I R D C N E H R E A M M G A Y S
H Y R Y D B L V I U H A K K B S R O É C N A I F L
M Y E U I A V D Y P C É L I B A T A I R E T E S A
```

FIANCÉ	CÉLIBATAIRE	LE RÊVE	CONCUBINAGE
L'HOMME (M)	LA LIBERTÉ	LA FEMME	SANS ENFANT
LUNE DE MIEL	L'ALLÉE (F)	LA CÉRÉMONIE	ENSEMBLE
SÉPARÉ	L'UNION (F)	LE CONSENTEMENT	MON AMOUR
RELIGIEUX	MARIÉ	LE MARI	LA DESCENDANCE

LES FINANCES

```
V V G B L T S J V N O I S I V É R P U Y L S O R C
Q I F U T C G Y T Q C U D W I M E G N O E N N P H
O T P U E Q D S R G H M C T E N C H É R I R Y K F
N K Y B K G Y B E W L A T I B T Y W V N S Q S F Q
H B H F A J M F I K D H J E Q A V I D E T S W K P
U R C P B O I A R A R T R D A G T Y F W Y S O K U
O E H F K O L C A P A C E U Q È H C E L G G F W I
U U I A E K L T P W I B U A F I N R B R R N D O H
N T R E O B I U J F Y L P R J C È J W U I V P R F
M C U U I A A R G B W N V F G H P T C Y A K E E A
I U K A U D R E B Q K I A Y C N V D H O U D M T I
H L P W H C D R W Y G H C N Y D W D V B R C V N L
P F S J M V A W E T S X E C I K A A A L U S V U L
O N Y I A F I F N P I S F T Y N W Q E I F C U R I
E R F R R I R T I D R R H B E P V O B G K U C P T
E E I F K N E T C O O E A S E M I J C A M F A M E
F S K I Y A D D Y V K R K P I U Y Y F T J J U E J
H M A N U N F I S J D P E U C H E R F I O B G R G
M J N I B C L C O M P T A B I L I T É O A T M M V
V D F H V E W U I L F S N O V N U M D N H F E N F
U H S V B M J D C P K W A P U O P N V O I L N K N
K L I V R E A W O U A S F F W R C T U J K E T W R
V N H V N N A E N T R E P R I S E V R W U M E V T
X T H F D T P M D Y F O N D S P G R O B N Q R K J
F V I Y Y N W I D I S C I R B N K R D O O U V K J
```

LA FAILLITE	ENCHÉRIR	LE MILLIARDAIRE	L'ENTREPRISE (F)
LE CHÈQUE	LA FACTURE	L'OBLIGATION (F)	FLUCTUER
LE PARI	LA FRAUDE	LA COMPTABILITÉ	LA PRÉVISION
PARIER	AVIDE	EMPRUNTER	AUGMENTER
L'ENCHÈRE (F)	PEU CHER	LE FINANCEMENT	LES FONDS (M)

LE TRANSPORT

```
T T W D H G L T H R C S V Y O C S J U L A V E H C
I N R Y H H G U Q F U F R P A I I G U I J S U M G
M P V A H T K H H D T J Q W B P D M I S S R L U W
I Q J L I E H U V E G S O A W U K S N R O I H Y U
D F B D W N U O F J M G D E G N T K Q W R M D D A
E J G G Q P G L Y G N C N R M P V R U B T D G A E
I N W E H A S N V Y I Y D A S Y K F D J É J P Y T
P Y O I L T J M B J X Q U N A N L I J E M B L L A
T Q D A L K W F H U A U S N U V C V T S I R W G B
W L B R R T U N H T C P M T K Y C V H M S Y U E
W D D R O I I Y C F O V V R O W H U A G R O R K V
U A N I L T N Y P O A Y A D B Q É A V M B L N D O
N R G V É R M H T M J H C C U L L Q O A I K L W I
D T H E V A C E K H B W Q V S L I Q A V I O N O T
D L W R S P R A M N P M O Z E W C W S V E S N W U
R D O T S U L S F N U M M R Y O O I V U J T I V R
C K F D B M R A Z R I Q M J J Y P A U E V Q G H E
P E T F O G K M L L C R R A Q C T S W I E C Q Q N
D F K E W M O F U S É E A U E S È E S R O S F G B
N J L G V T P K V L F H W M J H R B D J P O D W G
T I P C O Z M J T R O F M Q S W E N M U D M K T K
H L T K I B P R K I N Y Y N Q U E R T H K K O J O
U K F N F P V C U B A R F E E T O N E H F R E L B
O D V N L M H P M P K U H S T D E S D K M H G Y W
F D X J S H W K S P S O W A O G R V V S E O M E W
```

EN AUTOBUS (M)   EN HÉLICOPTÈRE (M)   À PIED (M)   EN VOITURE (F)
EN AVION (M)   EN MÉTRO (M)   À SCOOTER (M)   ATTENDRE
EN BATEAU (M)   EN SOUS-MARIN (M)   EN TAXI (M)   ALLER
EN CAMION (M)   À MOTO (F)   EN TRAIN (M)   ARRIVER
À CHEVAL (M)   EN FUSÉE (F)   À VÉLO (M)   PARTIR

LA GUERRE

```
K A O H I P P K O K R V V R K V V D A J L B U V H
U R Q I I L R E L B M E S S A R V Y S M V H M S S
A A R M E P U P T Y M A S Q U E À G A Z T O Q W V
C V Q W W D J A L M G W R N H J Y S U N Y B E N J
S O F B H J D U I L C P R M K E D S Y U G U E T U
D Q U Y L L R H T I D W E W L T J M O B H R P D B
G F S L O T R H U R L O N A I O N P P D V E L D E
Z A I S R R F I V F S R I G I T P O Y I G G T L B
E V L Q E J D I N D T M M U V T N A V I V R U S P
F I L Y C O H A M T N B R P U F C R D T H J Q M W
I F E B H U A T E P E P E D G H U K A N L R U I D
U E R S E I I K N B M R T I S S U G R E W C F T G
I S K I R S I R E T E H D U O P P R K M P H U R R
S S G H C B P O R E N L Q I Q G Y L R E K A H A A
N H I T H N M C Y W É D W P T B A U M U N V E I E
J G M O E G Y S G J V U V T W R F T E Q C I T L H
T U J C N H R U B A É I B Q F I I T E R J C U L K
F V U B T B R O B N D A G V J A D E A A T T M E N
R E P N G I E L C P W M S I J Q V R L B H O Q U E
I K E K K H T I R N R N E V F F P U A É E I V S N
H L O Q R Q Ê S I K D J É S R F T U T D P R P E Y
A P E C E W R U G A G A M U M W B Q V J U E U C M
V W Y S E G R F R X V B R P E D M Y V N M P W N G
N T H Y O Y A G E K G L A Q U B J Q D O F P S B S
E D D A N C H M H O T M W H U O U W F A V J P R M
```

LE SURVIVANT	LE SOLDAT	INTERDIT	ENVAHIR
LE DÉBARQUEMENT	LA VICTOIRE	ARRÊTER	MENER
L'ARMÉE (F)	LE MASQUE À GAZ	LE FUSIL	TERMINER
L'ARME (F)	LA RECHERCHE	LUTTER	RASSEMBLER
LES ÉVÉNEMENTS (M)	LA MITRAILLEUSE	FUSILLER	SURVIVRE

LE BUSINESS

```
F T D O N N É E S L D D F F C V L K T O E M F Y I
L Y S R W J B C F V M D T A U H S R U R A B R U Y
V P É Q U I P E F L D A T E L I M I T E B U V E D
M M U Y A W B V H C W I K P R R F S E V A A V T L
M T J T L E N N O S R E P B C H U F I N J H L Y W
I D R E L Q A O Y J G B R R O P E C A G V F W M S
K O E F S E S I R P E R T N E J O B U V P M E C T
P S L G W H H E L Y O W F R W O H A O K S G V R H
P U Ô J G W L D F K E O V G R K I B H O P L R F T
T T R U K N S K C O D I A D P O H H F R I T O I S
I D T M F G T A V H S M O J T V D O E G G M T M R
Q H N U N I P V B E J N Y Z O P I S Q D M A T S C
L R O V O L A A R J N H U K U I T H Q E M W G G S
W R C H J W I D N E S A I F K A F A C T I O N F M
U É J D W S E G R R N W K Y T T D I V V T S C N I
R A Y O R O M F C N R W C A B P N E I Â E M T Y C
S L H E C Y E B G G H Q I T P N K E C E H V E M D
E I R B D D N Y M H I R F A A Y É H T R P C J S S
E S C K E B T E N T E A I H L C E G T B P R O H N
Y A E G S G S G R T Q P Y N T H I B O E V T R O Y
B T X U F S C M T D F U E T J W J D V C K I P K K
D I Q E Y U O U T I L A P H U H C G N I I H O L K
W O T J D M A Q B W I Q H U O B Q A E Y D E T W S
Y N J M E Y V K V W L V W S B T W V V Y S C R K P
D E A D F A C I L I T A T E U R D Y N Z K Q I W D
```

L'ENTREPRISE (F)	LE PRESTATAIRE	COORDONNER	L'ÉQUIPE (F)
NÉGOCIER	CONTRÔLER	LA DATE LIMITE	LES DONNÉES
L'ACTION (F)	LE PROJET	LE FACILITATEUR	L'OUTIL (M)
LE SYNDICAT	SUPERVISER	LE BUT	LE SMIC
LE PAIEMENT	LA RÉALISATION	LA TÂCHE	LE PERSONNEL

LA NATURE

```
H A D V W U L F O H L D H J O J K E J J L S D T S
T E W S Q U H W N O M E W P T I D U O S D M W J I
S J A G C K R M L O R K P Q N G E S R F T F I R C
B B C B V L S T S B Q G Y R M V N E J U G N H A B
M O H Q N S W C E D Y D F R M Q L Y F Y E K U L G
M O N U W N Y A O M T T G C L T S P T I L U M Q
R N O B O I T S J K N U O R I G Q C H D C M F O T
D D B Q S K N C Y J F C R U V Y O P C G Q U U N A
D C D U R K S O M V G V E N P A M A Q F S O H T E
I P S J O H W G Q V R F L V Y T R U A H P R V A D
Y K I H K C J G N L D P H S P T E I N E Y V R G N
T A K U F K B R M R J H J T Î H M Y V E O I P N O
H O O B Z K A A C B S T A U U L J U V U D O B E M
T C V H A B S D G W V K Y J O M E A C S M O V V N
K H Q U L U N E I C S D L A C L E F O N L L V Z C
E A D P F E E L I I V K J O F B N M L N M J R P Q
I M V R L F Y R L I O Q T Ê R O F E L Z I T M U U
P P E N D U J D R H J B S G Y É W N I C O K U Y I
G R V C A R I R C E W S M D G B T G N J P I G Q A
D S N H D É V E O E T S A O S A R O E M B E Q B V
V O O R J Y C G H A Q A U B G D O N I J P M V T D
F D D C C L D O A Q A N C R L S O T L L H J I V C
Y S A E G E T N A L P W Q L K E M O R V E K H E E
D H J C L L Y N C G Q M C L Y C C L C Y W F L L P
A M I O T O P G T H D A A S E D C I E L H P A O B
```

LA TERRE	LA COLLINE	LA MONTAGNE	LE SABLE
LE CHAMP	L'ÎLE (F)	L'OCÉAN (M)	LA MER
LA FLEUR	LE LAC	LA PLANTE	LE CIEL
LA FORÊT	LA FEUILLE	LA PLUIE	LE MONDE
L'HERBE (F)	LA LUNE	LE FLEUVE	L'ÉTOILE (F)

L'ARGOT

```
G D B D K F P A E Q U M Y B E J T U J J A A E J Q
U J É H C G P S S V L R U U I D B U T D A P H D J
I Q C B L V I P R C R S S K M F A S D G C N Y L G
T Y Q K I Q K E A P A B S K K R G H B L D N A W H
V S M V U L F E Y F E S U K C A N P G O D R C Y P
N K Y S W F E O K Y E M S D J B O Q H T S L Q P N
H O Z Y I E M N N O K A J E T R L J V R F S C G C
Y Q U K F I L S C A U I E B - A E H R H E P E Y I
J U Y J M A H N Y Q M A R N L T T F O B H T L R N
E F F C H O U R A V E R I N G B O J P P L A Y S O
L Q A D W M N B Y S G B N S B I O I I O R N Q A C
U V Y A V Y F E C O Q A Q U W I I G ! L W T U D H
V G A T F B D B U O G G O B F M D C V R N G H L E
S E I W V S O M E C N N A N V M U O O I J O Y S I
L D U J D Y L U P O N N B Y F R Q Y N D R K T G W
Q I G U W O Q I F C K A E B T T W D B E H H N D L
X B S L Q Y H B A F K E C R È V E F W T C R E T D
L H M A U F F F J L E T H S I Q F D L P L O O D P
T T K I V O H I R Q F U V W E E J V S O H L U M V
A T W A T H T E K U G L A K H D D K V T U U H M J
M R B H M N V J E E D U I E F W D M U O C Y A F T
D D R K E E O K U Q O Y F G H T B P B H Q V H R A
B V T G R O H C H G Q K H G R T G C L S L K S S R
J J O C A F M C B O U F F E R O P T N I C A I S H
G K P E C C T O H I D V B S B U D H Y D L N A V B
```

LA BAGNOLE	BOF	CASSE-TOI!	CREVER
OUAIS	LA BOUFFE	CHOURAVER	LA CRÈVE
LE BIDE	BOUFFER	LE CINOCHE	LE KEUF
BIDON	BOSSER	KIFFER	DÉBILE
LA FAC	LE BOULOT	LA CONNERIE	DIRLO

L'AÉROPORT

```
T K G G V N C E V J O I U L G T E E Q L H K O V N
Q C D A V Q J C P B P I A D L J P S K O M W U V S
O A J E K D O O K J O T W N N U E Y T I L P M B O
P C V G S O S D Q E N B D O E Y R H S W B T S H R
M O T Q W T B B N N C V H V T Y J S N Z K A W P T
M A B V B V I T O C D A J K R S O A K Q S L V Q I
D C E J Q P R N A P U Q K G E C H F D I S U H H E
J R M Q E É N A A D C N L D U L L T X M Y B N D E
H M B W E T R I S T P I Y L Q F R A W H E R É V S
E O A H K O S C U R I E F W R C T A Q G V P I O I
L O R F F I L T T J O O K W A S F I A O A B I Y L
N E Q I F C W R R C N E N K B J R S G R V B T A A
Y G U Q A J R E P O P A G E É V S C T T S U Q G V
J A E A P E H A P R U L S D D I P E Q F N Y H E K
F L R H C L G F J K U V P C R A O W E W P C R T A
S L E K E A F W D O J F É R E G D W H V H K M C J
O O U I V C L A Y L I M E S W N C U X J B J O T M
R C P A I S T E M R A T E B R B S L Q B Q M B V U
W É G C H E L E U U T N S Y Y R D E M V P Y S T S
K D W R E A O T L A K A I N J F Q F U T L Y E O T
K H C V E N G T F L M K R E L N R O O R M V X J J
P M S T D D A A I K I K R O O V I I T L S Y A T N
S W R C P H U U K A P B Q H O O R K W N V H T C E
B O H B C T G E O Y G O A H J L J J J E J P F K F
P A L R R L L Q G D N L M F D L F E K G T J K O B
```

EMBARQUER	LA DESTINATION	LA PORTE	LE BILLET
DÉBARQUER	LES ASCENSEURS (M)	LE VOYAGE	L'ESCALE (F)
LE COMPTOIR	L'ENTRÉE (F)	L'ATTERRISSAGE (M)	LA VALISE
LA DOUANE	LA SORTIE	LES OBJETS TROUVÉS (M)	LE DÉCOLLAGE
LE DÉPART	LE VOL	LE BUREAU DE CHANGE	LES TAXIS (M)

LA VILLE

```
L Y R E A G K H E H N W M U Q M U V M G E É S U M
L D W Y S A I A V T J G I D B V Y C H G V Y L W I
E G R Y U K K E U G C U S C G U D H G V Y S V O Z
U A I B J H K D I N Q I V N G V Q K E W D F P C K
A F E Q R R N J C W U U Y K S S M P I S C I N E V
P J J H Q C R A B Y Y R G Q Y S J N J J T V M I V
P O Q N A B F Y J J V Q B J U D U J I C N G L F E
K W H K U É I J D B Q P L S N S R M V N V L Y V S
R D Q Z N V B B R K R U D O T V O Y D I A H C U M
M T P C S V Y G L A T M A F O O U K P G L J Y P V
W U L U P E N V F I U J G R U X T J E W U L G P J
F W Y B L C A H N W O W Y B T E E W P K U T E T G
I L H V I C A G T T C T L D U I D F A A K Z F D S
K V K D F U E W T G R A H J C O E A S F R Y B W H
B T T I T E P O G W T G D È A J S R T A Y C B F L
R Y R U A Y L T D I O D N I Q W H H P S U L R U M
F A P M H H D I P P H I A M N U M T F G N E S W G
H M L O A T L Ô U S O M A N U F E E V R D U V T D
P É A M L O H D A S E U N E V A C N R S Y S Y N K
G N G G J D N H G C G B E F O A P K W H V Q N X J
K I E V P A I O S D E F R E H O M D Ô M J I D E L
U C A T R G W L F É C O L E J B A T U Q N D U U
T Q W G P S G A G Q O N D J B M E G N I J G O E U
S O M G O F J T M K P W H V I L G I A I W H H B M
A R J M Y L S J R E S T A U R A N T F R P J I H U
```

L'AVENUE (F)   LA VILLE   LA ROUTE   LA PISCINE
LA PLAGE   L'HÔPITAL (M)   LE CINÉMA   JOLI
GRAND   L'HÔTEL (M)   LE MUSÉE   LE RESTAURANT
LE CAFÉ   LE STADE   LE QUARTIER   L'ÉCOLE (F)
LE VILLAGE   LA BIBLIOTHÈQUE   LE PARC   LA RUE

LA PLAGE

```
G A F R M D V A V V R R R G D V Y P D N C W P W P
C C G H Q H F J M A I L L O T D E B A I N R Q P E
S U P C T G B I K X M T E C G A E P P K O P V N L
I S A I V O E Y N F E W E V W J R F D M L G I T L
S N U V R D C F J V Q D M E T Ô C P E A R Y I M E
G G E F E C L M T R E Z N O R B Y N G V E D O T C
O A S L R R G W R V C N U R D Y A E Y G E E H U S
A I B Y I C P E L F Z O J Z U D K Q K B U G U W G
Y A U E R R I T L O B W Q R E E R O B Y D Y W E P
S F Y U F È Y K Y D M O W U I F L E C W T S K F
B M G G E M E Y R J D C U G I T Q L P É B L S Z I
O D T A S E R V I E T T E N N L T L M J A I D U R
E O O V W S Q B Y B S K T C K B L J C R A N R K S
B L T V L O P H Y C P M A C J O N A A O O W U P N
A G K R J L U A O H O K S L P R V F G I F M A O R
Z H V M W A K O R U U E N S S D V T P E J L G L J
C Y A Q P I X A I A D K A L U D Q B I L A K R Q F
N N Y M V R H L C T S Z R R Y E R V E N O E G A O
P H N J R E L S K E V O T I V M S L R K S C D K M
G H D H P É V A P Q I I L I S E F K R U R Q W F C
C F R R D D V J N C B S C S B R I H E W A Y I N O
C A I L L O U H I R N Q U S I E M R V A T K U J E
J E J C J E R K F A W P C V M M C L K W T O V N U
E S U S U R F E R I Y Z G L W Q T H A Y Y Y M R T
M P E D F D A K J D L N M C G K J J B N F J F V H
```

LA PLAGE	LE TRANSAT	BRONZER	LA PIERRE
LE BORD DE MER	LE PARASOL	MOUILLÉ	LE CAILLOU
L'OCÉAN (M)	LE MAILLOT DE BAIN	LA VAGUE	LE COQUILLAGE
LA CÔTE	LA SERVIETTE	LA PELLE	SURFER
LA PROMENADE	LA CRÈME SOLAIRE	CREUSER	LE SABLE

LE SHOPPING

```
U A G I Q I U H B G O J D Q H U F O V U R R K T V
F O Q F A E I S W H F H R W L D H O F E H C O M R
P V U T J H S A Y G Y G K É T A B O I E A I Q H O
U V M T Y V U R V C M N J D U I R Y N K D S E H O
G J M M Q A K P U B W W E O O V T Y O H Y J N P S
F D F C Q W G A O J D K W M S L U E J P I V U H W
T V J H I O P É G I W V A É M S F O P H A R E H I
A S P O D R E G N E C W R D H D N I S A G A M M F
E R B U L Q J P N I F P A U V R E W B D L W W B R
G C E E C A N B A L A X N R O H B V D A R L H Q Q
T D X T C F S R M T P L H V T T E G I D F K F W J
F G B T W N L V X H Y L A C A R A N R Q V K K I L
B T N E T F H U X L R P W T Y I U Q J A S Y D T A
Y L C L R T K B Q G G J T U E M K E F W N T D P H
N R U V U R V O R W G O B W G W Y B J Y Y D E D D
T E T S O E C L A N G L E L P I B C L I V O S E V
G H A U C T C U O C K I C T R K U N S L P N C M S
V C R O M R H L F V Y B B J L O O C T X O N C R V
V H G U O O H J K T E H C I R U A W P L K P O N B
J O E Q F P T M I D Q V K H S E O E N G Y Y D O C
R L N D R E S N E P É D U R S J A Y J F A T A V V
C M T M M A Y T É H C R A M N O B U N H L F F E Y
C T U W É L É G A N T D Q Q D Y F F F G J Q T Y Q
I Y U T U F G E I R R L L O Q J B O T C P L L L H
T I X U S M G J M P U S Z B J H U A E V U O N O D
```

LE MAGASIN	BON MARCHÉ	ÉLÉGANT	MOCHE
PORTER	CHER	GÉNIAL	NOUVEAU
L'ARGENT	CHOUETTE	GRAND	PAUVRE
DÉPENSER	COURT	JOLI	RICHE
BEAU	DÉMODÉ	LONG	PETIT

LA VOITURE

```
P E R M I S H Q G V S R K E P W W F V P G F U I K
I H S E C A L G E I U S S E M V L F C Q S Q O B S
R A P S Y A N W Q U Q C R M K B Q Y M E S T G V E
É G Q C G E G W C V P I R Q Q R R J M O D W W D E
T R H M U G P M V B F Q L V W N V A W F E P T F H
R Y W T Q O H Y W K I L E S E I D O Y T D P L B M
O G O A F A S J K K T Q D P P M O C U A U R Y Q A
V L I C G C T T K R W S N H U M R O V K G S H W C
I A R V U S A L Y R P E L C E Y R I O E U E H I U
S C T F B B K F P M U S L I M O T E U R R Y U H E
E I O C P A H B T C S A A P T Y K W L I F F R W S
U R M F M C F N R T J I O U U M J P Q L M J N O I
R C B G C D K E G W J N A S Y E S K S O O T M E R
E U E Y W I V R C A M L D R E O F I T P S Y A L B
R L R F P É O M W F A I G D I V J P I N T J B I E
È A E S L U A E L L R T N J H O E S D J O L Y U R
I T N I E B S E I B J E D B G F J W E S P K L H A
T I P J R T C V L R M F W E K Q R K S L A D K Q P
R O A T K N O C K A Y L M O B Q H E E B C R S H J
O N N T H N M H U C M J J K S R R V I G J F C N H
P T N A N D E R F F O C L N H I Q N W N B W F M P
U M E M N A U Y I W B V F E F C S E K L S P O J P
C S H A V B L D H H K C O V E O M I H Q M I Q Q J
O U N S L D Q O S G J N V Q E W A N S J R K G C J
S Y Q D V C Y H V V Z V V T D G A R E R I U F J G
```

LE RÉTROVISEUR	LE DIESEL	LE CAPOT	LA CIRCULATION
LE VOLANT	LA ROUE	L'EMBRAYAGE (M)	LES ESSUIE-GLACES (M)
LE MOTEUR	L'AMENDE (F)	LES FREINS (M)	SE GARER
LA PORTIÈRE	L'AUTOROUTE (F)	L'HUILE (F)	TOMBER EN PANNE
LE PNEU CREVÉ	LE PERMIS	LE PARE-BRISE	LE COFFRE

LE SUPERMARCHÉ

```
H V U T F R U I T S B L O B W R B G J J F D H B A
N N K S W O W I V P P K L B Q B K G A K O N H P E
K Q D H P F F N W U I P I O E F H V D N O E R A Q
S S A E V U M L L K A M B U Y Q F E S G D O C R P
D Y L K N L A I T E R I E L M G A A E M D N F E U
R U V Ê T E M E N T S P B A S E T D L U E S M T G
É H O E F H E E O A S Q H N C S C W I C K N H E M
D H B J P A T G P R A H E G E S I T J A O K R H Y
U F I T O K V L S E I O L E D L V D O I L L I C L
C N S P I V P S L R O V P R J C B V A S V Q J A C
T A C D S A Z A L C O O L I B B W G S D I B I G
I Y U Y S S H E M N E V O E D D P E P E C E H G G
O K I T O C L Q P F U T D N M O J J U P A K Y R F
N B T C N M F C T K R S N B T B J W A N U T Q L I
B W S K N S R V R M C K V E G E W P D T U H I O E
T C K O E E R W L C E I V V T I E S N O S S I O B
C D I I R S E L N G D D O C Q T A M O V V F A R M
U B D O I C A G I H N N O G E U A T D W D T R U C
X U E E E F W Y C C A K A R U V I D G T Y M E Q W
R J W C T Q E J P L I E I U R W N A E F E D I Q O
O N W M H S Y L R I V E P V Z F N L D L G R S B N
P N T D K L M W S H N W A K F W G F M H I T S G O
T Y Y Y S N A F P M U P Y P G J A U I O S F I K Y
U N É P I C E R I E J O U E T S U I A M T G A Q A
K I L I B V J K T S N T W D U D G G M D B E C G R
```

LA RÉDUCTION	LE PRODUIT	L'ÉPICERIE (F)	LES JOUETS (M)
BIO	LES BOISSONS (F)	LA CAISSE	LA LAITERIE
LA BOULANGERIE	LES VÊTEMENTS (M)	LE CAISSIER	L'ALCOOL (M)
LA POISSONNERIE	LA PAPETERIE	LE RAYON	LES FRUITS (M)
LA VIANDE CRUE	ACHETER	LA FILE D'ATTENTE	LES BISCUITS (M)

LES LÉGUMES

```
T V W Y O I U D B J D F S H K U R U J V I L C U G
K Y O I M E W D F Q N F G T C A L T V G H C U M Q
O J H I D E A H Y S S G I É U A S K O Y J A U D R
B F A W H I C T U U O U L L I D W P F U S R D N L
Y Y R I A T Q L I D A E A T Y E O Q E M B O Q S G
N T I G F I X I W L R O U F M G W Q H R D T N T N
M Q C I T Q E B P I J E U R T P R W T B G T S U E
G F O B U Y F G G B E Q L A J L O D R T R E A P Q
M L T J A V E L W I A D N U U I L O H D V T R U F
C L S T H W Q B C P G W H O P V C D W J O É I K K
H R Y Y C R B F P W T D H A N O A H L M H P V U P
T V M U I Q I R S D M W N O L G M J Q I B I G B R
A Y B S T M R M E R G N D I F Y I B H E V N U K G
N U T J R L U S M H H V U Q K F K P R K Y A P B M
R K B V A B C Y C H O U F L E U R D M B D R N L I
Q E B E B T M P P W E P O N Q R N D E A H D Y E F
J E W O R R A K V U V L G E O A P T Q M H E P N D
Q R H R N G R L I A C S T O I T T T S L M C J T O
L U M H S F I R R F R T S R T E J B C H O U R I C
D W W G J E F N U S E H O W R G J J S Ï A M Y L O
Y N O J F U N O E G Q C P A C O N C O M B R E L R
B J B H F Y G A R J O Q V R B U N Y A W H R W E L
J Y D C I S M U V W M E H B V Y C P A Q P F S S L
P T D P T C O T D O G Y I M I D L U O I W S L Q N
C I C Y G C O S Q F G B S T R E V S T O C I R A H
```

L'AIL (M)	LE BROCOLI	LE CHOU-FLEUR	LES HARICOTS (M)
L'ARTICHAUT (M)	LA CAROTTE	LE CONCOMBRE	LES HARICOTS VERTS (M)
L'ASPERGE (F)	LE CHAMPIGNON	LA CORIANDRE	LA LAITUE
L'AUBERGINE (F)	LE CÉLERI	LA COURGETTE	LES LENTILLES (F)
LA BETTERAVE	LE CHOU	L'ÉPINARD (M)	LE MAÏS

NOËL

```
J L Y A L O C T R A Î N E A U O D I Y O W U J S M
B E U R W S D J Q D H H G O B O U G I E G P S H V
V T F A J B M O T W P C W N O C K Q V W E D Q C H
L T J D E I M L B H W U H W T N L U T I N D G C L
P R B N E A H X U O H O R C R C R L Ë O N E R È P
L E H U A C V P V S M Y C A D E A U S N Y A U Q I
M C E B N W Y K E B Û C H E D E N O Ë L B I J N U
G W K W G S P V E G M V C B U C W M E G W O R R E
J R O L E M N W A R P S C D W G E I N U U H P A G
B O J I N V K B R H Y W Z F A D X M Q Y V G M R I
A C Y N H T E B B D J H U P K O B F G M N B S K E
A G T E O T V R J S G Y H I O F E T A R J K B S N
S N M W U P A R M G P S Q M T D N W R G F I D A E
G R K Y B X M R G S F N J P N J I H E K F S F P D
D Y W C I C N Q B A J Y S A G A U Q R K A P B I N
Q E O G S I R O J A H Q L O Z G I E O L N I Q N O
Q N V E C F T A Ë R H R D L E M F H C J K J V D C
X N I S U K U S E L I S Q E G L R C É I Q G L E O
I C N F I K E T K U Q O J L U Y S O D T Q P D N L
N W Q U T F I P G A O Y T I U T P L I Ô K I A O F
B N X W S U R R S B S B W O P J N C R R Y Q M Ë N
O I G M G O T D H W Y D G T R E N N E K H U B L M
U U D W O P D S U W S G E É I N F B K B O L U W E
A A H C P M K O G J U V B Q Z I O M V K I U G I D
N I U L Q I E W F J C L F M U N V G S P O F E G Y
```

JOYEUX NOËL	L'ÉTOILE (F)	LA BOUGIE	LE PÈRE NOËL
LE SAPIN DE NOËL	L'ANGE (M)	LA CLOCHE	LE TRAÎNEAU
DÉCORER	L'HOUX (M)	LE GUI	LE RENNE
LA GUIRLANDE	LE RÔTI	LE CADEAU	LE LUTIN
LA BÛCHE DE NOËL	LES BISCUITS (M)	LA LETTRE	LE FLOCON DE NEIGE

LA SALLE DE BAIN

```
P N K E N M G I R A S O I R J E T A B L E U J S H
E S K B R O S S E À D E N T S S J J Y W J T E J P
I C Y U C E Q Y T B C G C R F O H U A U B O A M I
G C R U A H N Q A O J H T H B S E T T E L I O T V
N S O S H A M P O O I N G C S S T K M J J B J D J
E L A V A B O E I R D J O D G W L J M W O A P N V
L U Q H Q R M S E U A U N N Y L X M U D P I M I Q
W R U U A G S H A W P I U E U L D I N L B N N A O
J V N M H Y P W T E A G F A R K E R J Q A D E B A
B S W C N O A F O B U R Q G E C S O T S B E F E G
V F R Q J M N N L I Y W T U O E C I R H P B B D H
H N C L U O G I M K K H Y P R O F R D J Y O U E N
V E P H I L D H O O A U H B T T P F N V S U H B V
V I H T E S B É T T K Q T X F U L J U S M C A M D
V K O S I S F J O A Q Y R L I U D S L A U H E O G
Y L O K E D T L S D V Q L C L F M P V O H E R B G
H U Y E N B F F E N O Q K A T H E G D N Q C I C F
T U V U B M R Y J D K R P H Q Q T P P H S O O I J
O D E Y N O V A S T A T A E F U T N A T U S N Y Q
W T P L G R M E T A H Q R N O T E F G L Y J G N L
J D N D E N T I F R I C E S T S I H E P S J I Q C
J P D G J S A K N E L Q H L P A V W V M N W A G Q
A N P I F S S W A D W U G V M U R I N P M B B N Q
L E A M E V P R I M H W R B V H E S B V O Q U Q W
Y F M W E V Q R P W L V H M F J S A B K T B F I L
```

LA DOUCHE	LA LOTION	LE SAVON	LE CHAUFFE-EAU
LA BAIGNOIRE	LE SHAMPOOING	LE BAIN DE BOUCHE	LE PEIGNE
LE BAIN	LA BOMBE DE BAIN	LA BROSSE À DENTS	LE DÉODORANT
LE LAVABO	LA TOILETTE	LE DENTIFRICE	LA LAQUE
LA SERVIETTE	LE RASOIR JETABLE	LE MIROIR	LE COUPE-ONGLES (M)

LES MEUBLES

```
E L A V E V A I S S E L L E U C U I C J T B M D H
A E S M I G C E R È I N I S I U C M M W B G F E S
G N T S Y M D U J H Q T K T A B L E Q H R L Q S I
K G V M S B V P O F C R B S B Q G P M F O V K F A
B W G C S L A V E L I N G E S L S N N N F S C D C
B M U H N M K V S B T T M U X U A E D I R G A C T
Y P Y A T I A J J I Y S N E M F W G L A I P N P F
S Y E I B T R E M D P T T K C S R C V P G Q A J R
Q F A S V D N H I K V A M M A Q O Y J E O O P N W
N B M E E Q R M C C V B T H F L B E F L L P É O I
G C U S G H O Q R F D L R Y C J U E D L W D G Q R
U K F U Y L H H O E F E G A A L R E P I W V C O F
E J R R O N K P O O P A J H O P E A N R U G Y Q S
Y V M E P P K Q N G L U O G Q O A P S G T J W W E
B Q T I E F Q U D V A S H A Y L U T R C K Q F C P
N J U V F W N A E T C S V D L V P S T Y E Y P V A
O A W É B N L J S G A Q V C U R K O V D P J G U I
M M É T A G È R E A R P I O G R F N O N K M B C U
N O B U Y P Y S C A D O I A Q W V L K B D L M E M
A I Y Q J W G O C M S U B S Q J F F N M K U Y E K
U I I D O K J G B T J F A U T E U I L N F D I J C
G I A R H W A Q K A B A V C P N N V U C J C S R P
M F U M V B N Q W A V E U R Q C L N H Y P R K M J
I G N L W V S R F I Q A K C J Q T U J K T C P P E
R P S V F Y F O U R W J L Q M L I U E T U A F U N
```

LE TABLEAU	LES RIDEAUX (M)	LE LAVE-VAISSELLE	LE LAVABO
L'ÉTAGÈRE (F)	LA TABLE	LE LAVE-LINGE	LE MICRO-ONDES
LE CANAPÉ	LA CHAISE	LA CUISINIÈRE	LE FOUR
LE TAPIS	LE GRILLE-PAIN	LE FRIGO	LE FAUTEUIL
LE FAUTEUIL	L'ÉVIER (M)	LES PLACARDS (M)	LE BUREAU

LE DIVERTISSEMENT

```
U V M F G F T D J K C N O T E L L I U E F U U E V
O W L L M R S E F O A B L C B F I U J D A D G I D
A O E A R U E L B U O D I J A T G L I D U B P A T
P R É F É R É G O J B C O M I Q U E R S F F S A L
S D C A E S Q B P V V P J K S K E M E O J G H K H
S M O E F O J S T O W F K I C M I U O K F M P P I
T O S C Y R É N R D Y R H D A A L N T O W R F U K
M É P É U A Q T S O U D R T O D I G D M A F W S J
Q J L L R M N K I B É I S B F V N J E G C E P G Q
L C Y É D D E J Y C F T M P Y O F M S P S A G N W
F P O T C V T N J C I G É H Q G O K S T I W Y O S
R R G B D O M F T R C L U M L H R L I C C B W I J
R M P I G D M M P A K M B G T N M R N V S V H S H
M P P S C J V M Q I I U P U M I A A A O M K E S Y
G U R N H M L D A G H R G U P R T X N L J A B I J
G H V O B N C O A N K Q E B M A I W I F N A R M M
D Q K W I R O V A F D M W B A V O F M N F B B É K
K T D I C R L B I L R E V F C S N E É A S R D C F
M R O U E G U V E L C A T C E P S P Y V W I Y W J
M V N K R B V T B K Y U T A R Y F A Q J A T Y M S
V O J O K N L Y B A I W Y O J B A G M P A I C I Y
O K B C H A Î N E W A S B I A W O C L Q E K H A B
S V G I I A S C J Y A S É S I V É L É T X U E J S
L S L L E H P P S R F S S D J P R O G R A M M E E
T N K B D V P P V M W Q S J N E I R É S N P O J
```

LE DESSIN ANIMÉ	LE PROGRAMME	LA MÉTÉO	PRÉFÉRÉ
LE DOCUMENTAIRE	LE SPECTACLE	LES INFORMATIONS (F)	À LA TÉLÉ
LE FEUILLETON	LA CHAÎNE	LA PUBLICITÉ	LE MÉDIA
LE FILM	L'ÉMISSION (F)	LA TÉLÉCOMMANDE	COMIQUE
LES JEUX TÉLÉVISÉS	LA SÉRIE	FAVORI	LE DOUBLEUR

LES OISEAUX

```
U E M R V V Y W S R Q U Y D E A M Q K G E K R S K
W L O B E Y H A M M F E U R G J I J J B T U P M L
N C A D U I I J H É C F L R R R V R S H E W T N K
C O P P E K T E A S E G E R P O U L E L V H C N K
O L U A L I G U R A Y Y G O F U D N G U D I A F K
Y O V O L T V N H N F E P U M K Y G U T H G I F M
D M Y N E B U A B G B M S G N Y Y O T L J N L T C
I B T J D V D O B E A A A E B W F C J H O S L S A
V E N R N H R F T B U R V G C H O U E T T E E E H
I Q C L O D V B A L V T B O E J J E I B L T L H S
G P S M R J R N L E L I C R Q Z D F N F W R V T G
R U E B I W A D T U A N Y G N D I Y D R A F B J H
B L I B H P V F H E T E G E H K J K R H K Y V Y G
P V L O S V H H F S H T N C O S M N E E V N J G P
V B D U M W G N S A X I E S E G T A C P R K Q Y N
A U T C Q Y W A D R G Y Z D L B P A L U K O C I M
C O R B E A U Y I Q E Y E R G O K M J G M L E V O
N N B O U V R E U I L F C A I R E U J R S B D S V
F L M O I N E A U H P W L E A R R E K N O E G I P
I A Q Q U J P K E C P U F R L B B U V Q C V E K N
G Q U A F U A D E O D Y F E H G D H A B F I M E G
H E U C G M N M Y V F R W J D Q N K B G P A T S U
L R Q J O I D G H L R T H T B A M Q E A R E F M V
J V I V D N Y O O G O B S B R V A N L A Y G U J P
I P E B K K C O H D T O T Y C P B S D S E P V J S
```

L'AIGLE (M)	LE MOINEAU	LA COLOMBE	LA CAILLE
LE MERLE	LE CORBEAU	LA POULE	LA CHOUETTE
LA MÉSANGE BLEUE	LE ROUGE-GORGE	LA GRUE	LE PAON
L'HIRONDELLE (F)	LE BOUVREUIL	LE FAUCON	LE PIGEON
LE MARTINET	LE GEAI	LA DINDE	LE CYGNE

LES BOISSONS

```
E Q Y I K E T D T I W F G R Q U M M S V V P L U R
N Y G L K I N E Y A L E W D Y X V V L I E N P T O
M W K U C Q W G F R J M E T U A J I B N H O R B Q
V O D J T H M M V M C U Q G D S J V N J F H K I D
N D R I Q Y P B S X Q B Q C E D A N O M I L U È Q
K L H S A Q E M R B V J L N N U L Q H H G G C R Q
M A T M L B O U C I O R A N G E P R E S S É E E T
B R M E T K O L Q W É S S E R P N O R T I C R L F
J B T E R U T L H Y N E R C O R C Y I L N C K K G
F U C A F É O E O Y W T U A K E N I L I K L O E L
O T S D T V P S S M E U J P Q A O C A L Q T K N S
N L W D A A K W É U E B T G O S Q N I O A J Q G S
C A E U A R C K H C E N K C K P P K U D L S Q A A
A H M L I N A F T J A Z T G Y Y F F R F R V H P F
N E I M J C A I E M J L A H M J B K P I A E S M B
A D F C T S D N J V F V G G E K U M F S M F R A L
D T D W J U S W A U M J S É U V T W B O Q Q E H K
C T M T B L R W H S P O C R H A D O S P C M T C F
C J N A H I S R R W H C F F U T E S P J T H Q U F
V K K D O É T J H N S A H L J A T K I B V I L W U
A M P C B U S E Q A W Y G W C A F É A U L A I T P
B L H H E P A E A U M I N É R A L E W S J A Z R K
J B N T H H S A B Q G J J W K U T U N U T R F M H
Y H C O T L T V N I S I A R E D S U J Q F I Y H F
G P D U A H C T A L O C O H C Q M D A T I A L G E
```

LA BIÈRE	LE CAFÉ AU LAIT	LE JUS D'ANANAS	LE JUS
L'EAU GAZEUSE (F)	LE VIN	LE JUS DE RAISIN	LE LAIT
LE CHAMPAGNE	LA LIMONADE	LE CHOCOLAT CHAUD	L'EAU MINÉRALE (F)
LE CIDRE	LE CITRON PRESSÉ	LE THÉ GLACÉ	LE DIABOLO MENTHE
LE CAFÉ	L'ORANGE PRESSÉE (F)	LE SODA	LE THÉ

LES SENS

```
Y H G L L D V C E W Q P K H W N B J N K T L N G S
V P Q S T U H W G E P J E K S P L I T B S A B Q D
O S L C T H R G D D J O R I O V E C R E P A R A L
M V I Y J Q D K Y V L R E P A R T T A G N T M V J
H O P W K D G O V N E T U R N H I C U D J L G T R
C O K I C U E P M P L F K E E N T R E V O I R A E
M K M Q K Y M O N M A E H T R E N I F L E R P Q K
G P A D É G O Û T É L W S O G S S J K O Q S U Q D
M F A N A N V K T E H G S P R T N I G C U M L F C
O D D R C E A Q I I E H D A C E Q R I É B O I S P
F B N O N P É M A K E K V T N T N F E L B C V G R
V W V I D D L H R S L T M B R J A I W S D E F R G
E W M V D R G H R Q C U J J O I E M M V L R S O O
Q C P T V L U A E H O O T U O A B Ï P A E T E N Û
O J V J L D E R R H Y U A D C U G A U L X A D S T
G J K L R N V G U F U Y R J R D W I P O R E I E E
T C R Y Y K A F O A W R O J H I H M M O T I U A R
N A R E S F S J V A D T D W P C E R L L Q V M B H
R U P F H V R M A A D Û O P N T R S I A F I L S V
Q W R D L C O T S I P O M Q N P M E P T U Y S Y D
C E D A L A U F P Y D G P O N T F L E R N K L N T
M H D H S T P O R U D U C O E N T E N D R E U C U
R C N C I B Y Q T S U H N B Y J O P W G P B S I L
D J P N N Y K O I W W I H I I J X R Q P S F R N V
F S S P C C C G H R E S S E R A C F D J K R P A R
```

LA VUE	ENTREVOIR	DÉGOÛTÉ	CARESSER
L'OUÏE (F)	ENTENDRE	APERCEVOIR	AVEUGLÉ
LE GOÛT	SAVOURER	CONTEMPLER	ATTRAPER
L'ODORAT (M)	GOÛTER	EXAMINER	TAPOTER
LE TOUCHER	RENIFLER	OBÉIR	SENTIR

LE CORPS

```
Q F H U B U O L D L I I P C S U T É R U S S Y K S
W S P H M E I S S E V E H E P E V O T V J J B T B
C O R D E S V O C A L E S R R C N B N O B T P D K
S J F I U J K Y L W M A Y V E E Q Y V E N Q Z Q P
R E I N S R N I C K O M D E Y O Q G R D Q T K A Y
A I L L M N C P A R S Q Q A S M P J O J M R R H K
T V A I F W N F V Q V D P U J T O L S R K H P A L
C G N M D L M V I I W S Q U E J M A C M G H A L M
O A G D I W A C G G I I O I O H É A C A Q E Y V V
G M U H G T W A E U F N T Q F R Q A L P E J L Q E
Y D E D N U V M E L O U I J C C H C F D T V K S E
R B R F O D H U F G Œ S Y N O O U O Ï W K H E I C
S B R I M L O M B S L A A I N T K O E M I N G U I
I J E Q U P H N O R T P A I C P R D S F F R N R D
B G K H O M O P Q S N W F C O Y D J T G Y H I B N
H V A K P K H M J Y V I S M H W F I O L W R T T E
L K L T K A N T M R U Œ C T N J L F M C N H S D P
F N A K G U H C R E W R Q B J U L B A T Y M E M P
D L M E S P R D N A D A M E O O F J C I T J T E A
Y O Y K H J C A N Q C A H Q I R W Q E L Q W N N I
B H W S A A S H S J V H D I L O Y S N N F I I Y I
W O T K N Y Y T V W G T É A J Y F P J R V W S U U
P A A G U G I Y J A H Q H E M T S R T S K F O Q L
I H F J E W I N T E S T I N G R Ê L E R L I R J P
U B U B L Q B F T G B H I J C O D A I Q N V G J K
```

LA TRACHÉE	LE FOIE	L'APPENDICE (M)	LA LANGUE
LA THYROÏDE	LES REINS (M)	LE CERVEAU	LES CORDES VOCALES (F)
LE POUMON (M)	LE PANCRÉAS	L'ŒSOPHAGE (M)	LA POMME D'ADAM
LE CŒUR	L'INTESTIN GRÊLE (M)	LA GORGE	L'UTÉRUS (M)
L'ESTOMAC (M)	LE GROS INTESTIN	LES SINUS (M)	LA VESSIE

LES CRÉATURES MARINES

```
C A G R T Q W E A I K O T W L S B P B U O S F S F
F D V S O C G S W U Q M G R A A Q A O V Y Q D V M
D K Q F H R W W H Q I C R N B R P V Y W I Z N E W
P H O Q U E R L V O D Q O K C D J A Q C W T N P U
T E B F M W L T L Q V D J A K I G U A T J R B L P
O W G T C S M T O V A C K U U N Y B A C F K I N B
L S A A C N T Y T P D M G B Y E T P A G O U R G L
V U L A E J V G S G A I B P I E U V R E T B E W D
U J L J V B N E F N U N A P Q P L M F N Y R F U T
L U A U G A N F O S P P L N Y R D S X W T A W D V
R I R A F N K T T J H T E L W N G A Y Î E D P G V
J H N G O G O W I T I N I Q U Y L R U U W S H S J
K F D K R D V M U C N F N R L H C H F P C D O A J
G H Q T Q A R F U F G Y E F T O T F Y S R F R N K
O O B I U J E Q V A L W I Q Q D H M K A J R R V G
F J R O E S M N P C S J Q U M N O M M C Y Y R M K
T S V N Q S E V C E J L I D K I N O R C J A E R L
N E Q T T C D I B U L L B R H U H A I Y J L L A U
J L L Y I Y E V R E L D F T C Q B P Q R O H L M N
C K E Y V I L H É A Y C E J P E L E U T O E I A F
A A Q Q W F I B G C K M D F F R L T R H C S U L O
G K P H H D O E H L Q C C I P U O N K Y C U G A H
Y Y I P U A T H N A R R N W O H T K Y S I D N C I
Q K V C C D É V B B Q D A M O E A V D I N É A V Q
G C S S G S I O H C N A D F P U L U Y A K M R S E
```

LA SARDINE	LA MÉDUSE	LE CRABE	LA PIEUVRE
LE SAUMON	LE REQUIN	LE COQUILLAGE	LE CALAMAR
L'ANGUILLE (F)	LA BALEINE	LE HOMARD	L'ESPADON (M)
L'ANCHOIS (M)	LE DAUPHIN	L'HUÎTRE (F)	L'ÉTOILE DE MER (F)
LE THON	L'ORQUE (M)	LA MOULE	LE PHOQUE

LA GÉOGRAPHIE

```
I F F M B K C A Q K E D S H F B E T H N A S G G Y
L Y O N L O M C Z V K É O P A G W V Q I M Y P T U
F O C É A N I E H R A S J T H R V W K M Z J W K Q
I V N T D J T L G A I E E Q C H F E Q F W W P I M
N R T N E I B S R L E R D Y M E L S R V R P M O T
E E B P V K G V B M R T O N V Î N O C K H R T J F
S A F V D A B F U E I C T S C D N G K R G R I Q R
H O P M J Q L A D J U P V Q A T N A E T Ô C J T F
E F R W C F Y L O A N D N F I M M C U K Q A Y L B
M E F M V O F Q É H O C E È D K B O A D J J N I E
O E Q A R L O J O E V K R T A S U F N R Y I P V E
J F R G I W S E L I K E C K Y A Q Q F T T M G M W
G U A G P F M W Y I E C N I V O R P Q I A E D E N
A M K O C S T W C T Z B F D V Y R E Y P B G D A A
B N S L E R J B Y G F M O A H W W C O M O B N E C
I U T B A I P R N O D Q D T Y H K N V M Y K M E P
E G O P A V T N K B P F I L C L T M K D L T D J W
V V R S D I Q L B H T L L K P E R É G I O N B F H
U Y Q C K È A F A U V L A S W N Y F B P K Q F T N
E D O U M R J D L P B D A T K I E N Q R A R U A G
L Q D W A E V J L M J U Y C M A H M J Y O U K T I
F D U R L C O L L I N E S D J L R K L U T R J É Y
E Y H C I T S F Y R H N Y G F P E D T F J O H S N
A U T O R O U T E A K G S J I Q G E A Q Y S P I P
M Z B Y H E D U Y B Q O K T P W G K U G S M T J J
```

LA RÉGION	LA FRONTIÈRE	LA PLAINE	LE PONT
LA PROVINCE	LA CARTE	LA VALLÉE	LA MER
L'ÉTAT (M)	LA ROUTE	LA MONTAGNE	L'OCÉAN (M)
LE ROYAUME	L'AUTOROUTE (F)	LA COLLINE	LA RIVIÈRE
LE DÉSERT	LA CÔTE	L'ÎLE (F)	LE FLEUVE

LES PREMIERS SECOURS

```
E A I M A Y B Y H P H M S V E D A M M O P K R I O
W H O J E H C U O B À E H C U O B H J Q I D V Y Q
Q R K V T N X W Q S C Q F D S I L O O H L N L R M
W E M T A A V R N N H N R O Q D D S Y M K U I V P
F L W K E M N R K T W G I E P A N S E R C P F V R
L I M U W W T H E B F N D Y O R E M O T F Y Y N L
O P R C A E R I A N S F L H C T E C N E G R U I K
T É H O D I N S H D G T N E M E S N A P I J O G Q
N À J A S F U R I H C I R M J H E A Q K U J K A G
S E G G M T U Q H W J U A J J W A A A C V T M R W
U C N U Q N R Q V P N L E S N D D V P A I L P S O
S N S L D C E M U G N S O H R K M J R B C H Q E T
K I N E Y L S R I M E S B P D D A V J N B J R I N
Y P E R A R M T U P R H I A N I N B C W J M N R E
C O A E V K A C L S O R J Q S R T O E Y M B N É M
S I G K G R I V N R S O C W O L I U O N A V É T E
T A E J G O T S P L E E E C N E G R U D T I K C T
D J N É R Q Q Z U G V A L A V B K I D O N G P A T
G L U G U V R C A R I U I B P I C S F H Q B Y B A
A R E V U Q E T V C O E N F S K Q A E T M T U R B
V É R I F I E R Q B T N O I T A R I P S E R N F L
B K U G G V P B C J E Q M Y V T M U R V T J M T H
M D N R U O E T J D W C M K A O O M G W N W A V F
A R N A C P G E W I N F E C T I O N J S U T P V U
L N S L D Q E W W K W R L T Q W S W C V V O M A A
```

LE SANG
LE PANSEMENT
LE SAUVETAGE
LE KIT D'URGENCE
COAGULER

LA RESPIRATION
SAIGNER
LES BACTÉRIES (F)
PANSER
VÉRIFIER

LES SOINS
L'ÉGRATIGNURE (F)
LE BOUCHE-À-BOUCHE
ÉVANOUI
L'INFECTION (F)

LA POMMADE
LA PINCE À ÉPILER
L'URGENCE (F)
LA BLESSURE
LE BATTEMENT

L'APPARENCE

```
Y S L C G F J J F U H L J J C U P G J O N R T H F
V L Q I L Y Y S R R A F L M N M P E S I M L T H J
D F B R V T A N G T P D J V W D Y V B F R U C P I
V T T P R H O C U L J J P L L G P W A G R W N M G
M O C H E B E M H L B G P K R J P W E N U B W N R
V Y I A N S L I C A W I E Y I B E A L I A W I U N
P J M P G P O F J Y U F A K B M O S T M N F T G A
T K B C N G L S C E Y V P O A P Â L E U D B F R K
U E L Y D R L G J F M S E C R A L B O H R O T A V
P O F B S A A L O S T F O C B E L R A E O U J I P
G S A V M N H H H S Y J O E E D L O R R G T W N E
G H V S O D B I U B Q I N N E K G N R B Y O N D T
M S U P U W N J H K F K C L T D S Z O E N N E E I
V B P A S M H U C F Q O F G E S E É T A E S T B T
V A V L T J K F U J C K L U S C L I J U O T T E N
A P Y D A K S R Y É O K Q F M S L O B O C D E A B
D U K F C Z E H L N E U P Z F O I W A J G C U U B
L U O N H I U L P K R M R T P U T U K H S S O T T
I V C P E V I G U R U M G A T R N L Q D E R H É S
S O Y V E U H M E D L Q A I N C E K N K D P L H P
O V P Z Q U W P W P S N R J D I L J R W I L I B K
F R F A P H P Q I S V L N U D L P M X B R Q S E M
J P M A M I Q K E V I M A I A S U P Y L V M U L U
N S L K A L P R L B Y O R W N E K E Y J U W E T V
G B U N L U E I Q Y O C F M H Q U Y F W U H I S G
```

ANDROGYNE	MOCHE	LE GRAIN DE BEAUTÉ	LES LENTILLES (F)
BRONZÉ	LA COIFFURE	LES CILS (M)	LA PERRUQUE
PÂLE	MAQUILLÉ	PETIT	LA MOUSTACHE
LES RIDES (F)	CHAUVE	GRAND	LES BOUTONS (M)
BEAU	LA SILHOUETTE	LES SOURCILS (M)	LA BARBE

LES DESSERTS

```
W Q D Y G O E O E G F B K S W S H H F C H E J H V
N S T G H Q T M E R I N G U E V K N U J G F F O T
W F Y H K M M J D I G R F M A C A R O N Z I J H J
D I T E C H N G R K U A V V G U W U O O A J R M H
R P F K O P F M U R E U L M P E D A S T U M X H A
N Q L I U A S Y Q O E H H E F R I Z A U L A I T L
I N Y A O U R T R C C O C T T B W R G I B G I G C
W J L C K S T S W L A G P S S T L E U M R M P C H
K A N R D P G N D J L C V N P F E I V K H P M O O
M E J È N E M O A W G R F C H A N T I L L Y G T C
Q B E M P T R B J T E È A C S I B Y V G E Q I U O
U I I E D I N N G T D M M G V U G I K N W W P A L
P U R N T T L O O Y E E Y U L G K E N D D L G G A
B M E L Y S W B T H P B P D Q A Â O E T A R T E T
T M S Q P F N S G V U R U F M Q C T G S A L O D N
E D S E D O A O N J O Û O R S N S E E V D U J Y S
V S I T R U W P I M C L N W H W J M P A N C S R I
L E T D O R B R S U N É Q A R Q C R P E U O P J G
C I Â U P S K U P H H E P O K H I Q S T R D S F G
V K P J C O C Y C I G N B Q J W Q V G B I H T P S
S O A C S C R Ê P E N N J K W F W N E U B P V N O
S O G S F O E T E T P W A D K E T T E L E T R A T
E C L P R W G Y O Y A U G C N C P W D E A N M P A
V R B I J N J Q R Q C K B N E M S O B I L V S G A
I K A D M M Y J Y A S B D M F I A G V V S A Q E N
```

LA GLACE	LES BONBONS (M)	LE RIZ AU LAIT	LE YAOURT
LE GÂTEAU	LA PÂTISSERIE	LES COOKIES (M)	LA GALETTE
LA TARTELETTE	LA COUPE DE GLACE	LA CRÊPE	LE CHOCOLAT
LA TARTE	LA MERINGUE	LA CRÈME	LE MACARON
LA CRÈME BRÛLÉE	LE SORBET	LA CHANTILLY	LES PETITS FOURS (M)

LA BANQUE

```
H O T W T T N O U M B E W Y E V D D M H D A E O E
D C O J N C V C C U L D D S H M Q M O A C B F I N
M F E O Q H A B O P A V C E W P V R A Q C D O B B
L F H P R Ê T E R F Q I V M S K K O J R E C È I P
F B P B Q Q S D Z H F V B G N T O J M E L G J E B
H Q E A J G D O W U S R S J T B I T O I U A V R R
Y O E S K I Q A N J I E E I B U V N N S I H W J V
I F D F R N A O I Y S R P F U F J E N S O C D J P
W I D A J U B H G U P G E O O F K G A I C G E E B
U H P I T J W I Q B L J R T L R U R I A H M I H A
D B S R V S R K L D L A R E N Y T A E C Q B F R N
J A X E N L D N Y L E I E J R U A J Y M A V Q J Q
I I H U H G V Q A E E Q T V G I R D M B O J L Y U
W A B N B H U B U I Y T P N E P T P K Q C G Y I I
R V L D V L U T H T A V M U S S S E M A T C V T E
V E G É E U Q È H C M L O E Q Q H Q R E W O Q H R
G E A P P O G E F A B M C D A A B D I G L O J G N
E E S Ô W A H Q Y I N J A S G L M C Y R V A S T P
T R L T S E R O N P A G W B A M S D U N J K G Y J
C D K A D R T G R T N A R U O C E T P M O C Q K I
Y N G N B M Y B N J É C O N O M I S E R G D I A C
B E I G G L P K M E T K Q Y R C C B E H E U R O Q
P R O L Y I Y T N B R P K N S W Q K C W I V F C E
B L O Q R L E I A N N O M E T R O P Q T F H F E S
N T D É C O U V E R T N L F M V H V O T J S I C F
```

L'ARGENT (M)	LA PIÈCE	RETIRER	ÉPARGNER
LE BILLET	COMPTER	LE PORTE-MONNAIE	RENDRE
LE BANQUIER	LE COMPTE COURANT	ÉCONOMISER	LE DÉCOUVERT
L'EURO (M)	LE CHÈQUE	PRÊTER	LE COFFRE-FORT
DE LA MONNAIE	FAIRE UN DÉPÔT	EMPRUNTER	LE CAISSIER

LES TISSUS

```
K B H L H A J C A F D I C R K B G S C V L L H Q U
N V E K K K L T Q J B R N Y B L R K B A W O I E K
W D K F U L U V F Y G Y C I A N Y K Y B K P H G S
P D N I E L L E N A L F C K D C F S R F S N I G J
H U S Q L S A T M O Q R H O C U T O D C E V E G H
W L L E W E P P N E D U G Q W G D E M V P G I K M
K I A K L E O N E J H B P Q F E K M C U I R W C I
B L Y J W P U C G L E A I D R O T M Q T U O S B S
V D R U K U W Q A U E N N I Q N M H V Q U E R C Y
A L M F H Y L R M W O N E U M P G Z Q O L J B P U
C S H L L V D X Y S I U I L C W T B C E P D W Q F
E F S R Y G F P O P H K A A Y F O M N E I Q V F E
G J P C A E C J T H D C I V L S F B M I J Y R R A
P G C B N U G N F O P N U L O V F I D O H L E C G
B R A C I Q I R B A C D C U G Q N C E M L E T H W
D J L T V T B L Y Y A I V H Q K V Y N P W W S M A
B A I O A M T M R I B M R L A Y U E T O V A E S L
R P Q S N V M Y M T U B D T O W G H E L H U Y I E
T Y A O D A U S H Y Y O S Q U F D K L H U E L E R
P W T A H J M M G J U C L O D V T S L C B I O Q U
C I E A I K R K H S R U O L E V U U E R J O P W R
I V F E H C N R E L I O V H L F E U T R E S W W R
P P Q M D I I K P F Y O N H I A B N J N O T O C U
U Q I K F Q Q B E S G Y R S P I H N C A H T O P O
L H P J I A L S V U K B R M E C S O I L I N S E F
```

LE COTON	LA FLANELLE	LE SATIN	LA BRODERIE
LE CUIR	LA FOURRURE	LA SOIE	LE POLYESTER
LE DAIM	LA LAINE	LE VELOURS	LE RUBAN
LA DENTELLE	LE LIN	LE TULLE	LE VOILE
LE FEUTRE	LE NYLON	LE TRICOT	LE TWEED

LA SALLE DE CLASSE

```
Y N Z S A R L G H O J P S T K U T J H E A M N T S
N Y R A N G É E C N R A V C K A Y P O G B W U F K
M L S D V T H R F W E Q A Q B A Q U R C A R T E H
O O R P N I O M E D L R G L T P F W L A R V R O G
J J U B Q B O J A S I L E S O F F T O E B L Y A C
C L E S Y L B R R J S A I R Y U C T G Y H I N H F
D S T F E T A P L G U R T V H Q Q P E U I M M E S
R M P A I M V R D B L E E Y R G Y P A B U T L O S
A S U Q A D T Q L S M S O R U E B R F A B T W J U
C Y R C H P U A F A P E J V O M S O S S Q Q G W J
A O R T F C N G N M B D U Z W D V J A A D Q A B P
L W É Y R C W T W L L U H I M M O E Q Y Q N V O E
P H T O J K E U O F Q C R H W P Y C O H J M S R P
E I N Q F A F E U T R E S E E H M T B D R T I T E
G O I R U E N R N J B S U R A L F E P S E O M B B
W T G Q G R N H T W N S T X I U S U E R N R L M S
S C B W A U H K I F R Ê S L J E V R S U S F S U M
U J P K V E J T B U N L C U D Q O B A A Q R D A A
E K N V H T B R T E I O V T I T O E D L G G Q S H
A K R V V A S O F S W T O K S T L G U I K H I W K
O I L S G N F U V J M D L R K B G L T D Q A K F T
C Z L S I I P S E A L W L S A A V A H H N A K C A
K G R E W D R S J E F S D T B B O M E R C N A C K
S T F K W R U E F I V Q D P I H N Y L J F U N W G
N U J N V O B W R C G S E R È G A T É T G T D T F
```

L'HORLOGE (F)	LE BUREAU	LE CANCRE	LES FEUTRES (M)
LE TABLEAU BLANC	L'ORDINATEUR (M)	LA TROUSSE	LE PROJECTEUR
LA CARTE	LE PORTEMANTEAU	L'INTERRUPTEUR (M)	LES STORES
LES LIVRES (M)	LA RANGÉE	LE TABLEAU NOIR	LA FENÊTRE
LES ÉTAGÈRES	LE CAMARADE	LE PLACARD	LES POSTERS (M)

LES OUTILS

```
C E C N G Q S K U O S N E W J O O C G H U R R U T
U V P D E S U E D N O T B G U N G Y H P Y W B I B
W Q V D H Y Q C E I G U S E H R E T T U C G F E E
M Y A V A F E M J A M E P C E M A C H E T T E G D
E J Y M M Y C S B A G E R N L ' É C H E L L E G O
O T D T X C B R Q J I S C I T E U N L Y Y M O W I
I O S D L N O M Y N G U L P H N C J F P F C A K J
R W W M O S H L C F W E O Y M C F H R R K P Y Y V
D Q T L S V S H L T J C U P S L A A K Y D L M K Q
Y H U E M G Q S V E N R I Q E U H C F W A V E U V
E O V C D Y P K I I U E A O D M V H N S I H R M C
B V L E D M X M R V K P Y P G E P E T S L E M J P
F L L S L B H B D M E M K U P R I T H R F I K P G
P A P U E M Y E J U N N B G P Q V T Y K J C V G F
F U I E M Y D S D O R Q R E R I P E M P J S D P H
F I Q C V U É I T V T E R U J L E P J Q D F K U N
C L S N T I L O D Y X R T K O M H C R J L H B Y J
L V U O K W C B B A W I O N A T C P V O D S J D I
A O M P C G Q À M E C D O R R S A B C I V K C O C
P O I M K V K U E L C Y T N W O H E P L G S S E R
Q V H K Q K L A S E A E W L Q T V Q L W V S Q Y L
C B G F G U I E L B A E T Y Y Q B T C O K P B H D
Y L F M R R J S G U L I B Y P N Y D T A Q Q T V Q
S L I Y A I P I J Y S Y N D L D V G A B Q K K D S
P A M D U E F C O R B B L J K K J A A H F N R J J
```

LA HACHE	LA NOIX	LA PONCEUSE	LA SCIE
L'ENCLUME (F)	LA TONDEUSE	LA COLLE	LA HACHETTE
LE CLOU	LE CISEAU À BOIS	LA PINCE	LE TOURNEVIS
LE BOULON	LA PERCEUSE	LE MARTEAU	L'ÉCHELLE (F)
LA BROSSE	LE CUTTER	LA CLÉ	LA MACHETTE

LES MATÉRIAUX

```
I R C G I F J A H T S G S E R H C R R P Q C X E Q
Q A S V A W H G E G O C V P A C H P G Y Y B L A V
M I U I U F J Y K J S E M A A H J J T B N E W V M
S Q Q N M I O F I Y S V N E C F C E U N E V J D L
T W R K I S V K R R B G N F W T D I W B H X U O D
O F B I W B S K S O S M T D A I R T H G J D V G U
F O P L B G X U E U G U R L A E É U Q I R B A F B
V N N H I N D C N H F V P R I I H W R V M L P G I
S D B R S A Q U Y I B U H C T X M J N T R K G B H
W U Q R O O F O E M G I A P Z F C G Q Z O R C T M
H L N F K E O H R C B O O G T L A G Y W L N L A K
A É E Y R T V C O R I T E U Q I T S A L É A W K F
Q E A C K S O T L H K G F S X Q B N A N T T M E H
Q F U D U R D U O K A R T F G I R V R E N U D E W
A B U M F A S O C W Y U S V O M B R W K R R S B V
H T F Q T Q R A I V K P Q L P E W X Q V J E O P A
A U S H K S U C T E L R O I O E G J F P K L M C E
F P E W T W E N L E I G E M C Y R W R H F A C C
Z N M M U L L H U H I I B P M C L A S F L R H A T
A F R L O E F P M Q B U D Y F G N S J O R E G P B
Q F O U T U K U U O K T L R Z H L S L E D H Q P F
P G F C S G M E J Y J H C S W T A S A L O L N H B
L E F S R A Y U R E S F D T C K Y U Q V G U E W L
P D I J U T D I G X L D F A S R X J C Y I S Q T N
W T G B N U L E U Q I T É H T N Y S Q A V S M Y D
```

À RAYURES	L'ACIER (M)	NATUREL	RUGUEUX
À CARREAUX	CAOUTCHOUC	SYNTHÉTIQUE	ÉLASTIQUE
À FLEURS	RAIDE	BIOLOGIQUE	LES FORMES (F)
UNI	ONDULÉ	FABRIQUÉ	PLAT
MULTICOLORE	LE TISSU	DOUX	DUR

LES INSTRUMENTS

```
C W J G C K I H R Q W J Y A C Q Q T P S F I Y C E
J K I T K U I G E C Y B I W L B S U W E K L M I N
T O C S P M L Y F L U F C N O K O Q A P S U S R Y
L M Y T Z Y R B R E T T E N I R A L C A S J H H L
D F R Q U H B B A K H J O Y A W C L F I L W P E Q
N G R F E O H E I G C V R P I O L O C E W Q J O R
Y J M U I A A J N C G J C R R V W I G T B S L T U
B J W S O V O R E B O N H D C J E M K T D A I C E
O L A S R S Y N K N N D E I O N Y Y A E W D P T S
F I R W B U O F C A A S S U E N B I K P I N W L I
D Z E A S B N T P U Q P T E E C M W A M K N C E T
B D S O M H T H M G E G R S Y L P D F O T F K G É
L H H O K N A E R N A F E L K L A G D R L P F I H
J M R Q R R A U M M G N C L O J P R N T F U Y D T
E T K A E M E A S E S R J E C T H U O W G U T Q N
T H A S M T A J R N H J L H Q B G Q C H R G D H Y
E A F D N U A A R O R B O N C Q U R S G C Y R R S
L S Y A S S T L M G R R X Q U V H N E K N V L V H
P S H I T I D K N Y I S I Y I A F T U T B K R W O
U C K N U N G M H S Q H U P V K T Y B L N B N B G
O F G G B R G K T R S A I E R D C D Y R S A U I R
C G T Y T A Y E Q I F K S L E U N O L O I V H U R
D G J O O J Q B O W Y C B W S S Y F C Q L Q N C A
T S O H V E I R E T T A B I B A R E I V A L C M H
Y P B K K S Y M P H O N I E G M E Y A H S R W A N
```

LA BATTERIE	LA CHORALE	LES CUIVRES (M)	LE TROMBONE
LES BOIS (M)	LE CHORISTE	LA GUITARE	LA TROMPETTE
LE VIOLON	LA CLARINETTE	L'ORCHESTRE (M)	LE REFRAIN
CHANTER	LE CLAVIER	LE COUPLET	LA SYMPHONIE
LE CHANTEUR	LES CORDES (F)	LE MUSICIEN	LE SYNTHÉTISEUR

LA PHARMACIE

```
Q A P K M M I W N T N D C F C R B B W A C A M G C
D I B U L N J A F B Q L R E E L U W J G M T T D T
J R C R È M E S O L A I R E C I L D U P L D J U U
S X Q N V H I L M T L O F A N S K Q I K M D M T T
L D É S I N F E C T A N T J E F R L F T J D E I S
Q A S V E S D V T R S C T P U U G E L F U M U A
G Y F E E E O I N H U E B R E L H S L M S Q U N B
W T C L R M H P N J H S L L E V O I D U J W V E B
A F I B Q V Q G Q P E F U S T V M J A V G D B D M
W S J V I L È N T N G O B W D S O M N I F È R E K
W A R E K D L L A K D K D D P E H U J Q W K M M W
A R T Y O H N S À I P E A A W M B I A C G C S È A
C O E N M O I V T E D O R M E V T A O J I V P R J
A O T M A T E N I A M A D C T N R L I S K Q U C O
S T L W S L A F M N C U N Y E C L N E N Q J J L N
U Q H Y F Q L M S É W A A M L Y N L W N P N T U P
N P B U H H O I T E N M E B R Q L N M C F Q C R A
D Q H C A P A A U N L S N E H I U B W L W W K F R
R M K U E E M Q O Q N G T J T S E N I M A T I V D
F K A U H O A D H A A E N S C V R D B Q E I V L A
T V K F L D R M P O F M A I Y U Q R Y R N E F D R
V M S R A O F E A G V P É I P Y N E V M U H W S A
K V K R O M E U A T W R Q D U É Y T V C T Q K N P
H K S R I O H C U O M G V E S D E M F D S A G F S
P Q F Q A R D B P A K W E W V J U G L J L B B Q O
```

LA CRÈME SOLAIRE	LES VITAMINES (F)	L'ORDONNANCE (F)	LE PANSEMENT
LES PASTILLES (F)	LA TISANE	LE BAUME À LÈVRES	LA CRÈME DE NUIT
L'ANTIDOULEUR (M)	LE SPARADRAP	LES ÉPINGLES (F)	LE DÉSINFECTANT
LE SOMNIFÈRE	LES MOUCHOIRS	LE DÉMAQUILLANT	LA PILULE
LE COLLYRE	LES SELS DE BAIN (M)	LA POMMADE	LE PARACÉTAMOL

LES INSECTES

```
D I W A N Q B V L N A H W P P M Q W A Q N F J N O
O V L V K U S R H R I D P O M W S N L X M R M O G
T M L T O E L L I N E H C S T K Q G K X C T P L P
P O L E H C U O M M F B E M C O R J H F N E U Y F
S U L U T T Q I Q V P E J É C O E P V Y H W A O P
F S F Q D H R G I M R U O F N N C N Q F B P X N C
G T J I L L I M A C E I D A H G J C A R H U F F P
A I A R Q R D L I S K I K C R B I B I S W C N O H
N Q V C M E D D L E K Y G R E J Q A I N T E V Y P
T U O R E L N Y C T W V F I C N A J R O E Y B K I
E E A T I L G F P T E A P Q D U D K G A R L R W D
N O W S G I G J A A D E E B J J N R M G M J L N R
N U E K R U R J P P W F W F S K A W I M T L V E A
E B S H O O R Y I E N D P C T C D E P Ê U G M I D
W H L D O Z W A L L G W G P S S F S Q N F K N L T
L S R F E A Q F L L T N D E F H L I M S X G V I O
C E M J I G B M O I E M S J I I S G I A I C Y P C
A E M O O V J I N M T D D Q H C H H Y S K F Q U I
F C F D A J C O N O F W U H B O Q N F G R D V I K
A O J H Y C O M Y F G Y A J I P D G N O C O C R F
R N N V R A Q Y D P O B U U I H A Y W T B I H D C
D K F M F R T P V B J V U H O E W H X L R C A P Q
G L T R K P M S R Y V F E K G T O O W Y A J F B O
H U C G D P M M G W J J E R È I L I M R U O F F S
U Q G G J E S B K I W E L U L L E B I L V N M B O
```

L'ANTENNE (F)   **LA COCCINELLE**   **LA FOURMILIÈRE**   **LA PUCE**
L'ARAIGNÉE (F)   **LE COCON**   **LE CRIQUET**   **LE MILLE-PATTES**
LE CAFARD   **LE DARD**   **LA GUÊPE**   **LA MOUCHE**
GAZOUILLER (V)   **L'ESCARGOT (M)**   **LA LIBELLULE**   **LE MOUSTIQUE**
LA CHENILLE   **LA FOURMI**   **LA LIMACE**   **LE PAPILLON**

L'ART

```
P T S D V P L S P A G N U G S D J U V A M W O B L
N V Q G T N M E N L A D C R T B N M W L W K G F Q
D E T O I L E N C N A L P E R È I R R A T D S E K
B Q E I S E V I V S R U E L U O C R G R K R F D J
C A R Q L M E R R D E S S I N E R B W W I E Y T C
E T B O U M R R L L A G V H P N K U L N V H P W M
X C M C M L T V N G Y D A Q W K I U T G D P O D L
S H O M I J N P T A B L E A U A H É A R U O R J V
Y A P G È W I A Y T L V N C W S R E O K X L T K A
H K W J R R E L H T Q N B T A I É Q N F V K R I A
C S E X E S P R H J R R F J E P V M O N L E A V B
A N S F L Q L W J L U C Y U O R S T L F G W I D Y
Q P E I N D R E W P E U R Q B W W I L F H D T L Q
W U K I S J F C K R I E U T U J T V I W C I H P T
L O A P S M L Q L E R E Y C Q H E E B V H E Y D V
O A G J L O T U V M É J J W P E T G R K E K J G D
U K E V S U F A R I T C K W E L R O U Y F O L L U
V V Y E N O G E B E X P B O Q J O B O A D Y B S W
J K R D I Q T C P R E K U C Y J M Q T O Œ E J D
F J H N E D G N A P S Q K I P G E W U E U Q X P D
E G S M I O H I P L A V B V Y U R M S D V L G H D
K T C E Y E L P G A C J P D D O U Y B D R G J Y H
B R H G C G T V Q N N M M T M A T M M Q E P Y I E
Y D R Y Q S C V U I A H T V L U A E G A S Y A P R
J M T T E C H N I Q U E I Y O T N Y T P C H K R B
```

PEINDRE	LE TABLEAU	LE PAYSAGE	DESSINER
À L'EXTÉRIEUR	LE TOURBILLON	LE PORTRAIT	À L'ARRIÈRE-PLAN
À L'INTÉRIEUR	LE PEINTRE	LA LUMIÈRE	AU PREMIER PLAN
LE PINCEAU	LE CHEF D'ŒUVRE	L'OMBRE (F)	L'ÉPOQUE (F)
LA TECHNIQUE	LA NATURE-MORTE	LES COULEURS VIVES	LA TOILE

LES CORVÉES

```
T N L S F B I B Y S B J D Y Y E B C A U H W Q F U
Q W K V I S P Y E H J J U Y U U F E L A K I A B M
V I C P L W N L T R Q O S T N U J E B G E I N Y S
I C A K S W B A R E G N A M À E L L A S R R P S E
L F N L P O C O B O A N C I C W H V V E G G S S R
A Y Q J E Q J B J A P A D H R F Y R S H N A S D P
F U K J P O S G A S L L K D A Y G O V W L R R V I
B R V S R T V B J Q V A F G G M N K Q O L A I J L
D S F M E Q W W Y J T I Y F V L B R N I A G W K L
J A A O Y G D J R J F J N E I L É R R T K E T D I
L L O H O L S U M N U V C T R C W S E T P I I V È
K L U G T L Y J C B F U D Q U S F H B L E S P S R
E E T B T P H Y D O O P M R R V U U A G C K P U E
B D U E E Y C H U Q R S E A N Q Q V F D R V P Q P
Y E T P N I I R F F K R R E N I S I U C W J L O H
K B W E N F A Y H S I E R È I N I S I U C P K A Q
V A Q S È C H E L I N G E B G A K D D H C M G C
U I R Y B P C P U I M E T T R E L A T A B L E G Y
J N I E K C C H X R F V G C K C M M W W N Y E N M
S S B Q W T T B H K R N B J H F Q I A O U M R B O
I T O N D R E L E G A Z O N U A I P R M C I N C T
H D C O M A C H I N E À L A V E R Y Y N Q V S N P
K O W V R E F O U N L V F P X V C U I S I N E P B
T M U I F A I R E L E M É N A G E H I P R K S F H
L G M F H G E O E F S M H J A R D I N A G E W L T
```

CUISINER	METTRE LA TABLE	TONDRE LE GAZON	LA SALLE DE BAINS
BALAYER	LE FOUR	NETTOYER	LA CUISINE
FAIRE SON LIT	LA MACHINE À LAVER	JARDINAGE	LA SALLE À MANGER
RÉCURER	LE SÈCHE-LINGE	SERPILLIÈRE	LE GARAGE
LA CUISINIÈRE	FAIRE LE MÉNAGE	LA CHAMBRE	LE SALON

LA ROUTINE

```
M J K H P H S E P R É P A R E R R Y K M I G C V E
Q G Y G S P A H U A R E L L I B A H S I D Y W L M
R M N P V H S E R A S E R G N M S I B C M G Q E D
J B H O J C S A H A U S O O N C E J W G R M E S L
S S G G N F X V I A O R K S Y S C S N M P Q A U G
D V S E P E I G N E R E K G G E O B M F H M J P W
H A W G L N U D Q D Y H G V L N U L S C U B C S S
F F R E F F I O C E S C L J H D C J G S O V I H E
G P D E W Y A Q G M J U R G N O H S E G S U E A R
F R J L U R H P O Q D O R P Q R E R B E T L Y C E
S E O E L R B M R I C D E R N M R A D S F T K P P
B N M T M D E K Q P F E H E U I W I N E P V V M O
D D B R E I T V H W V S C N E R G Q R N U T F C S
W R O F E E B X E T F I Ê D R O M F L A S O G Y E
W E N V V F C O L W E P R B E B S I L T S N S R
A U C Y V V A C Z E E A É E I E S R L L M W Q D K
V N P C E H D L D Q D S D S U Y Z S Q E W H C T P
T B V W M K H G E B S D E O O B M U O R Q B V H E
Y A O S J M G P R S F K S I V C I K G R R A H P I
L I N D D I S M B Q S M M N I Y T E G O B F R M G
A N J F T J S W U J Y K U D N T M P A R T E G P D
P W R K V S D I L U U B E E Q O Y J Q J H F S R W
Y E F G R P G S P U R E L L I B A H S É D E S M N
I V E N G E J A U S S H S E R É V E I L L E R I I
Y N C H V S N R E L L I U Q A M E S G O E A K E S
```

SE RÉVEILLER	SE PEIGNER	PRENDRE UN BAIN	SE DÉPÊCHER
SE LEVER	SE RASER	SE COIFFER	SE REPOSER
SE BROSSER	SE LAVER	SE PRÉPARER	SE DÉSHABILLER
S'AMUSER	SE DOUCHER	S'HABILLER	SE COUCHER
PRENDRE SOIN DE	SE MAQUILLER	S'EN ALLER	S'ENDORMIR

LES OBJETS DE LA MAISON

```
K T F A M M Q S F M T M O M Q A J B P P U D O J
U J H U A E R U B A W Y G W O B F B L A L J Y J O
D U J I A F V P Y L G B M V K B E E G O T Y M K S
Q Q I A E F B R E I P C B L D G W R M O R Q U E K
O U Q F I U O E L U U R A Q H U L È X H S G B F K
M H H B M V E H H E É Y V N D F L I U E J T K T G
L Y G E T L S A Q T Q V L J A O V N E Q F A T A T
O N H R E N I F J U H Y I M B P A I J T A G D B C
Y P G I B V A T D A E T A E M E É S E L U I A L W
M K E O V H H Q E F R J H W R D Q I D Y T G G E M
I A L N Q F C E K V E I S D W I K U E Z B Q P B L
I R L G M O M R K A E L Y P A T H C L F V B W A L
C U E I M P Q I G T I H E L S S L B O I H H P S V
Y E S A Q G E Q D T F W C E A L M Q S S I E L S H
V T S B N U G R M R B O D E N M R V N D V H A E E
I A I R B I G H K A I N T V D N P R O A R Y C M P
P L A U W J K L V S O P G C M E Z A C C Y E A E E
C I V Y G E P T R O Q H N N H R L F D O R A R E H
V T E P U N O I R D E O B P Q B F B M A B C D P S
U N V B S Q M C Y H R F G G V I I E A S I L F O Y
E E A N I F I Y V H È J P J G E R J N T K R K E U
M V L F P M J M B P G P C H C T Q P N U M R E T E
H H H Y A G N C Y W A I M W S V G D Q N S M B C P
G J S F T K J G H I T C E U E C O M M O D E K M I
I U A L T F P S P I É Y L L D V R R A P D B S G G
```

LE LAVE-VAISSELLE	LE VENTILATEUR	L'ÉTAGÈRE (F)	LE TAPIS
LE BUREAU	LE MICRO-ONDES	LE LIT	LE PLACARD
LA COMMODE	LE CANAPÉ	LA CONSOLE DE JEUX	LA CHAISE
LE FAUTEUIL	LA TABLE BASSE	LA BAIGNOIRE	L'ÉVIER (M)
LE LUSTRE	LE LAMPADAIRE	LA TABLE DE CHEVET	LA CUISINIÈRE

1. LES COULEURS — COLORS

LE ROSE	PINK
LE NOIR	BLACK
LE GRIS	GREY
LE MARRON	BROWN
L'ORANGE (M)	ORANGE
LE JAUNE	YELLOW
LE ROUGE	RED
LE BLANC	WHITE
LE BLEU	BLUE
LE VERT	GREEN
LE VIOLET	PURPLE
LE VERMILLON	VERMILION
LE KAKI	KHAKI
LE SAUMON	SALMON PINK
L'AZUR (M)	SKY BLUE
LE ROUGE BRIQUE	BRICK RED
LE TURQUOISE	TURQUOISE
L'ÉBÈNE (M)	EBONY
LA NOISETTE	HAZEL
LA PERVENCHE	PERIWINKLE

2. LES ANIMAUX — ANIMALS

LE CHIEN	DOG
LE CHAT	CAT
LE LION	LION
LA BALEINE	WHALE
LE LAPIN	RABBIT
L'ÉLÉPHANT (M)	ELEPHANT
LA TORTUE	TURTLE
LE SINGE	MONKEY
L'ÉCUREUIL (M)	SQUIRREL
LA FOURMI	ANT
LE PAPILLON	BUTTERFLY
LE ZÈBRE	ZEBRA
LA GIRAFE	GIRAFE
LE HÉRISSON	HEDGEHOG
LE COCHON	PIG
L'ABEILLE (F)	BEE
L'OURS (M)	BEAR
LE PERROQUET	PARROT
LE REQUIN	SHARK
LE CHAMEAU	CAMEL

3. LES FRUITS — FRUITS

LA POMME	APPLE
LA BANANE	BANANA
LA MYRTILLE	BLUEBERRY
LA POIRE	PEAR
L'ANANAS (M)	PINEAPPLE
LA FRAISE	STRAWBERRY
LA FRAMBOISE	RASPBERRY
L'ORANGE (F)	ORANGE
LE CITRON	LEMON
LE RAISIN	GRAPE
LE KIWI	KIWI
L'ABRICOT (M)	APRICOT
LA PAPAYE	PAPAYA
LE LITCHI	LYCHEE
LA TOMATE	TOMATO
LA PÊCHE	PEACH
LA CLÉMENTINE	CLEMENTINE
LA PRUNE	PLUM
LE MELON	MELON
LA MÛRE	BLACKBERRY

4. LES VÊTEMENTS — CLOTHES

LE MANTEAU	COAT
LES GANTS (M)	GLOVES
LA CEINTURE	BELT
LE GILET	WAISTCOAT
LE PANTALON	PANTS
LA VESTE	JACKET
LE PULL	SWEATER
LA CHEMISE	SHIRT
LE CALEÇON	BOXER SHORTS
LA CULOTTE	PANTIES
LA CRAVATE	TIE
L'ÉCHARPE (F)	SCARF
LA CASQUETTE	CAP
LE SLIP	BRIEFS
LE CHAPEAU	HAT
LE T-SHIRT	T-SHIRT
LE JEAN	JEANS
LA CHAUSSURE	SHOE
LA CHAUSSETTE	SOCK
LA ROBE	DRESS

5. LE CORPS — BODY

LA TÊTE	HEAD
LE CRÂNE	SKULL
LE VISAGE	FACE
L'ŒIL (M)	EYE
LA BOUCHE	MOUTH
LES DENTS (F)	TEETH
LE NEZ	NOSE
L'OREILLE (F)	EAR
LA JOUE	CHEEK
LE SOURCIL	EYEBROW
LE BRAS	ARM
LA JAMBE	LEG
LE PIED	FOOT
LES CHEVEUX (M)	HAIR
LE MENTON	CHIN
LE COU	NECK
LE VENTRE	BELLY
LE NOMBRIL	BELLY BUTTON
LE DOS	BACK
LA HANCHE	HIP

6. LA CHAMBRE — BEDROOM

LE PLANCHER	FLOOR
LE PARQUET	WOODEN
LE MUR	WALL
LA PORTE	DOOR
LA FENÊTRE	WINDOW
LES VOLETS (M)	SHUTTERS
LES STORES (M)	BLINDS
LE PLAFOND	CEILING
LE LIT	BED
L'OREILLER (M)	PILLOW
LA COUVERTURE	BLANKET
LA TABLE	TABLE
LE TAPIS	RUG
LES RIDEAUX (M)	CURTAINS
LE PLACARD	CLOSET
LE TIROIR	DRAWER
LE BUREAU	DESK
LA CHAISE	CHAIR
LE FAUTEUIL	ARMCHAIR
LA LAMPE	LAMP

7. LE RESTAURANT — RESTAURANT

LES BOISSONS (F)	BEVERAGES
LE DÎNER	DINNER
LE DÉJEUNER	LUNCH
LE MENU	MENU
COMPRIS	INCLUDED
LES GLAÇONS (M)	ICE CUBES
LA NAPPE	TABLE CLOTH
LE PLAT PRINCIPAL	MAIN DISH
LA CARAFE D'EAU	JUG OF WATER
LE FROMAGE	CHEESE
LE PLAT	DISH
BON APPÉTIT	ENJOY YOUR MEAL
L'ENTRÉE (F)	APPETIZER
LE FAST-FOOD	FAST FOOD
LA FOURCHETTE	FORK
GRATUIT	FREE
LE VERRE	GLASS
LA CUISINE	KITCHEN
LE COUTEAU	KNIFE
LA COMMANDE	AN ORDER

8. LA NOURRITURE — FOOD

LA PÂTISSERIE	PASTRY
L'AUBERGINE (F)	EGGPLANT
LA POIRE	PEAR
L'ORANGE (F)	ORANGE
LE RAISIN	GRAPES
LE PAMPLEMOUSSE	GRAPEFRUIT
LES CRUSTACÉS (M)	SEAFOOD
LE CITRON	LEMON
L'ANANAS (M)	PINEAPPLE
LE MELON	MELON
LES FRAMBOISES (F)	RASPBERRIES
LES FRAISES (F)	STRAWBERRIES
LES CERISES (F)	CHERRIES
LA PÊCHE	PEACH
LA CREVETTE	SHRIMP
LA CACAHUÈTE	PEANUT
LE SAUMON	SALMON
L'HUÎTRE (F)	OYSTER
LA SARDINE	SARDINE
LE THON	TUNA

9. LE VOYAGE — TRAVEL

L'AVION (M)	PLANE
LE TRAIN	TRAIN
LA VOITURE	CAR
LE BATEAU	BOAT
LE BUS	BUS
LE TAXI	TAXI
LE VOL	FLIGHT
L'ARRIVÉE (F)	ARRIVAL
LE DÉPART	DEPARTURE
LE TRAJET	ROUTE
LE VOYAGE	JOURNEY
LE PASSEPORT	PASSPORT
LA DOUANE	CUSTOMS
LE BAGAGE	BAGGAGE
LE TICKET	TICKET
LE DÉCOLLAGE	TAKE-OFF
L'ATTERRISSAGE (M)	LANDING
S'ENREGISTRER	TO CHECK-IN
LA GARE	TRAIN STATION
LES ARRÊTS (M)	STOPS

10. LES SPORTS / SPORTS

COURIR	TO RUN
LE FOOTBALL	SOCCER
MARQUER	TO SCORE
LE HOCKEY	HOCKEY
LE TENNIS	TENNIS
LE GOLF	GOLF
LE BASE-BALL	BASEBALL
LE RUGBY	RUGBY
SAUTER	TO JUMP
L'ARBITRE (M/F)	REFEREE
L'ÉQUIPE (F)	TEAM
LE PUBLIC	CROWD
LES SUPPORTERS (M)	SUPPORTERS
LA MI-TEMPS	HALF-TIME
LE TERRAIN	FIELD
S'ENTRAÎNER	TO TRAIN
LE GYMNASE	GYM
LA LIGUE	LEAGUE
LE BUT	GOAL
JOUER	TO PLAY

11. LE BUREAU / OFFICE

L'ORDINATEUR (M)	COMPUTER
LE BUREAU	DESK
LA POUBELLE	BIN
LE TÉLÉPHONE	TELEPHONE
LE DOSSIER	FOLDER
LE CAHIER	NOTEBOK
LE PAPIER	PAPER
LE PORTE-BLOC	CLIPBOARD
LE STYLO	PEN
LE CRAYON	PENCIL
L'AGRAFEUSE (F)	STAPLER
LES AGRAFES (F)	STAPLES
LA CALCULATRICE	CALCULATOR
L'HORLOGE (F)	CLOCK
LE TROMBONE	PAPERCLIP
LE SCOTCH	TAPE
L'ENVELOPPE (F)	ENVELOPE
LE TABLEAU	BOARD
LE COLLÈGUE	COWORKER
LE PATRON	BOSS

12. LA FAMILLE / FAMILY

LE PÈRE	FATHER
LA MÈRE	MOTHER
LE FRÈRE	BROTHER
LA SŒUR	SISTER
LE FILS	SON
LA FILLE	DAUGHTER
LE GRAND-PÈRE	GRANDFATHER
LA GRAND-MÈRE	GRANDMOTHER
LE PETIT-FILS	GRANDSON
LA PETITE-FILLE	GRANDDAUGHTER
L'ONCLE (M)	UNCLE
LA TANTE	AUNT
LE NEVEU	NEPHEW
LE COUSIN	COUSIN
LE DEMI-FRÈRE	STEP-BROTHER
LA DEMI-SŒUR	STEP-SISTER
LA NIÈCE	NIECE
LES BEAUX-PARENTS (M)	IN-LAWS
LE BEAU-FRÈRE	BROTHER IN-LAW
LE MARI	HUSBAND

13. LES PAYS / COUNTRIES

L'ALGÉRIE (F)	ALGERIA
LA SUISSE	SWITZERLAND
L'ANGLETERRE (F)	ENGLAND
L'ALLEMAGNE (F)	GERMANY
LA LETTONIE	LATVIA
L'AUSTRALIE (F)	AUSTRALIA
L'AUTRICHE (F)	AUSTRIA
LA BELGIQUE	BELGIUM
LE BRÉSIL	BRAZIL
LA CHINE	CHINA
LE PÉROU	PERU
LE DANEMARK	DENMARK
L'ÉCOSSE (F)	SCOTLAND
L'ÉGYPTE (F)	EGYPT
L'ESPAGNE (F)	SPAIN
LES ÉTATS-UNIS (M)	UNITED STATES
LA FINLANDE	FINLAND
LA FRANCE	FRANCE
LE CHILI	CHILE
L'INDE (F)	INDIA

14. LES ÉMOTIONS / EMOTIONS

ÉBAHI	AMAZED
FÂCHÉ	ANGRY
ENNUYÉ	ANNOYED
HONTEUX	ASHAMED
FATIGUÉ	TIRED
TRANQUILLE	CALM
JOYEUX	CHEERFUL
CONFIANT	CONFIDENT
CONFUS	CONFUSED
RAVI	DELIGHTED
NAVRÉ	SORRY
GÊNÉ	EMBARRASSED
EMBALLÉ	EXCITED
ÉPUISÉ	EXHAUSTED
FRUSTRÉ	FRUSTRATED
HEUREUX	HAPPY
HORRIFIÉ	HORRIFIED
TRISTE	SAD
INDIFFÉRENT	INDIFFERENT
AGACÉ	IRRITATED

15. LES PASSE-TEMPS / HOBBIES

LE CINÉMA	MOVIES
LA LECTURE	READING
LE SHOPPING	SHOPPING
LA RANDONNÉE	HIKING
LA DANSE	DANCING
LA PÊCHE	FISHING
LE TRICOT	KNITTING
LE CAMPING	CAMPING
LA CHASSE	HUNTING
LA PLONGÉE	SCUBA DIVING
LE PATINAGE	ICE SKATING
LE JARDINAGE	GARDENING
LA COUTURE	SEWING
LE DESSIN	DRAWING
LA PEINTURE	PAINTING
LA POTERIE	POTTERY
LES ÉCHECS (M)	CHESS
LES CARTES (F)	CARDS
L'ÉCRITURE (F)	WRITING
LE BÉNÉVOLAT	VOLUNTEERING

16. LA CUISINE / KITCHEN

LES COUVERTS (M)	CUTLERY
LA FOURCHETTE	FORK
LE COUTEAU	KNIFE
LA CUILLÈRE	SPOON
LA SERVIETTE	NAPKIN
LE BOL	BOWL
LE FOUR	OVEN
LE MICRO-ONDES	MICROWAVE
LA TASSE	CUP
LES CONDIMENTS (M)	CONDIMENTS
LA CUISINIÈRE	KITCHEN STOVE
LA POÊLE	FRYING PAN
LA CASSEROLE	SAUCEPAN
LE VERRE	GLASS
L'ASSIETTE (F)	PLATE
CUISINER	TO COOK
CUIRE	TO BAKE
FRIRE	TO FRY
RÔTIR	TO ROAST
L'ÉVIER (M)	KITCHEN SINK

17. LE CRIME / CRIME

L'ENLÈVEMENT (M)	ABDUCTION
L'AGRESSION (F)	ASSAULT
LE CAMBRIOLAGE	BREAK-IN
LE POT-DE-VIN	BRIBE
LA CORRUPTION	BRIBERY
LE CHANTAGE	BLACKMAIL
LA PRISON	PRISON
L'EXTORSION (F)	EXTORTION
LE CRIME	FELONY
LA FRAUDE	FRAUD
L'AMENDE (F)	FINE
LE DÉLIT	MISDEMEANOR
POIGNARDER	STAB
LE MEURTRE	MURDER
L'INCULPATION (F)	INDICTMENT
L'OTAGE (F)	HOSTAGE
LE BRAQUAGE	ROBBERY
L'AVEU (M)	CONFESSION
LES MENOTTES (F)	HANDCUFFS
LA DÉPOSITION	EVIDENCE

18. L'ESPACE / SPACE

L'ASTÉROÏDE (M)	ASTEROID
L'ASTRONAUTE (M/F)	ASTRONAUT
L'ASTRONOME (M/F)	ASTRONOMER
LA COMÈTE	COMET
L'UNIVERS (M)	UNIVERSE
LA TERRE	EARTH
LA GALAXIE	GALAXY
JUPITER	JUPITER
LE SATELLITE	SATELLITE
MERCURE	MERCURY
LE MÉTÉORE	METEOR
LA MÉTÉORITE	METEORITE
LA LUNE	MOON
LA NÉBULEUSE	NEBULA
L'ÉTOILE (F)	STAR
LA PLANÈTE	PLANET
PLUTON	PLUTO
LA VOIE LACTÉE	MILKY WAY
LE CIEL	SKY
LA FUSÉE	SPACECRAFT

19. L'HYGIÈNE — HYGIENE

SE LAVER	WASH
LE RASOIR	RAZOR
LE DENTIFRICE	TOOTHPASTE
LE PARFUM	PERFUME
L'ÉPONGE (F)	SPONGE
L'ODEUR (F)	ODOR
LA BAIGNOIRE	BATHTUB
LA SUEUR	SWEAT
LE DÉODORANT	DEODORANT
LE MOUCHOIR	TISSUE
SE BAIGNER	BATHE
PROPRE	CLEAN
LA PROPRETÉ	CLEANLINESS
LE COTON-TIGE	COTTON SWAB
LA CRÈME SOLAIRE	SUNSCREEN
LA PINCE À ÉPILER	TWEEZERS
LE PEIGNE	COMB
LE FIL DENTAIRE	FLOSS
LE GEL	HAIR GEL
LA LINGETTE	BABY-WIPE

20. LA TECHNOLOGIE — TECHNOLOGY

LE COURRIEL	E-MAIL
LE LOGICIEL	SOFTWARE
LA CLÉ USB	FLASH DRIVE
LE SMARTPHONE	SMARTPHONE
LES ÉCOUTEURS (M)	HEADPHONES
L'ENCEINTE (F)	SPEAKER
LA PRISE	SOCKET
L'ÉLECTRICITÉ (F)	ELECTRICITY
LE RÉSEAU	NETWORK
LE ROUTEUR	ROUTER
LE CLAVIER	KEYBOARD
CLIQUER	CLICK
LA TABLETTE	TABLET
LA TÉLÉCOMMANDE	REMOTE
LE SITE INTERNET	WEBSITE
SANS-FIL	WIRELESS
TÉLÉCHARGER	DOWNLOAD
METTRE EN LIGNE	UPLOAD
SE CONNECTER	CONNECT
LA SOURIS	MOUSE

21. LES ADJECTIFS — ADJECTIVES

ARROGANT	ARROGANT
RENVERSANT	ASTOUNDING
SÉDUISANT	ATTRACTIVE
MOYEN	AVERAGE
HORRIBLE	AWFUL
MAUVAIS	BAD
DANGEREUX	DANGEROUS
GROS	BIG
AUDACIEUX	BOLD
ENNUYANT	BORING
COURAGEUX	BRAVE
MAGISTRAL	BRILLIANT
OCCUPÉ	BUSY
CALME	CALM
CAPTIVANT	CAPTIVATING
MIGNON	CUTE
CATASTROPHIQUE	CATASTROPHIC
CHARMANT	CHARMING
AMUSANT	FUN
PROPRE	CLEAN

22. LA MÉTÉO — WEATHER

ENSOLEILLÉ	SUNNY
VENTEUX	WINDY
FRAIS	COOL
LA PLUIE	RAIN
LA NEIGE	SNOW
LE NUAGE	CLOUD
L'AVERSE (F)	SHOWER
LE THERMOMÈTRE	THERMOMETER
LA TEMPÊTE	STORM
L'OURAGAN (M)	HURRICANE
LE PRINTEMPS	SPRING
L'ÉTÉ (M)	SUMMER
L'HIVER (M)	WINTER
L'AUTOMNE (M)	FALL
BRUMEUX	FOGGY
GELÉ	FREEZING
NUAGEUX	CLOUDY
ORAGEUX	STORMY
HUMIDE	HUMID
CHAUD	HOT

23. LE CINÉMA — CINEMA

L'ACTEUR (M)	ACTOR
L'ACTRICE (F)	ACTRESS
LE PUBLIC	AUDIENCE
LE PRIX	AWARD
LE TAPIS ROUGE	RED CARPET
LE PERSONNAGE	CHARACTER
LA BANDE-ANNONCE	TRAILER
LE CLASSIQUE	CLASSIC
LE SON	SOUND
LA COMÉDIE	COMEDY
LE GÉNÉRIQUE	CREDITS
L'ÉCRAN (M)	SCREEN
TOURNER	SHOOT
CÉLÈBRE	FAMOUS
LA CÉLÉBRITÉ	FAMOUS PERSON
LE FESTIVAL	FESTIVAL
LE NAVET	FLOP
LES PAILLETTES (F)	GLITTER
LE FILM	MOVIE
L'ACCESSOIRE (M)	PROP

24. LA SANTÉ — HEALTH

ACCRO À	ADDICTED TO
NUTRITIF	NUTRITIONAL
PESER	TO WEIGH
BIOLOGIQUE	BIOLOGICAL
LA BOULIMIE	BULIMIA
LE COMPRIMÉ	TABLET
LA DÉPENDANCE	ADDICTION
EN SURPOIDS	OVERWEIGHT
LA BALANCE	BALANCE
LE POIDS	WEIGHT
LES GLUCIDES (M)	CARBOHYDRATE
LA MALADIE	DISEASE
GUÉRIR	TO CURE
LE BILAN	CHECK-UP
IVRE	DRUNK
L'IVRESSE (F)	DRUNKENNESS
HYPOCALORIQUE	LOW CALORIE
PRESCRIRE	TO PRESCRIBE
LE GRAS	FATS
MINCIR	TO GET SLIMMER

25. LA POLITIQUE — POLITICS

L'ACCORD (M)	AGREEMENT
L'ARMÉE (F)	ARMY
L'IMPÔT (M)	TAX
LE BUDGET	BUDGET
LA LIBERTÉ	FREEDOM
LE CONFLIT	CONFLICT
LE CRIME	CRIME
LA CRISE	CRISIS
LA DÉFENSE	DEFENCE
LA DÉMOCRATIE	DEMOCRACY
LA DETTE	DEBT
LE POUVOIR	POWER
DIRIGER	LEAD
LE DISCOURS	SPEECH
L'ÉCONOMIE (F)	ECONOMY
ÉCONOMIQUE	ECONOMIC
L'ÉLECTION (F)	ELECTION
L'ÉVÉNEMENT (M)	EVENT
LE GOUVERNEMENT	GOVERNMENT
LA GUERRE	WAR

26. LA LOI — LAW

LES DROITS	RIGHTS
L'INÉGALITÉ (F)	INEQUALITY
L'INJUSTICE (F)	INJUSTICE
LA LIBERTÉ	FREEDOM
LE TRIBUNAL	COURT
ABUSER	TO ABUSE
LA DÉMOCRATIE	DEMOCRACY
DÉFENDRE	TO DEFEND
EMPRISONNER	TO IMPRISON
JUGER	TO JUDGE
ANALPHABÈTE	ILLITERATE
LA PAIX	PEACE
ÉGAL	EQUAL
JUSTE	FAIR
L'OPPRIMÉ	OPPRESSED
LA DICTATURE	DICTATORSHIP
L'ARMÉE (F)	ARMY
LA CROYANCE	BELIEF
LA CRUAUTÉ	CRUELTY
LA DÉFAITE	DEFEAT

27. LES VACANCES — HOLIDAYS

LOUER	TO RENT
LA MER	SEA
RURAL	RURAL
BRONZER	TO TAN
LE PAYS ÉTRANGER	FOREIGN COUNTRY
LE TRAJET	TRIP
REDÉCOUVRIR	TO REDISCOVER
REMARQUER	TO NOTICE
LE SOLEIL	SUN
LA MONTAGNE	MOUNTAIN
LA STATION DE SKI	SKI RESORT
LA VALISE	SUITCASE
LE MAL DE MER	SEASICKNESS
À L'ÉTRANGER (M)	ABROAD
NAGER	TO SWIM
LE BATEAU	BOAT
BOUGER	TO MOVE
LA CAMPAGNE	COUNTRYSIDE
LE CAMPING	CAMPSITE
LA CROISIÈRE	CRUISE

28. LA MUSIQUE — MUSIC

LA CHANSON	SONG
INTERPRÉTER	TO PERFORM
LE RYTHME	RYTHM
LA VOIX	VOICE
LE CHANT	SINGING
LE CASQUE	HEADPHONES
JOUER DU PIANO	TO PLAY PIANO
L'ORCHESTRE	AN ORCHESTRA
CHANTER	TO SING
ÉCOUTER	TO LISTEN
LES PAROLES	LYRICS
LE HIP HOP	HIP HOP
LA POP	POP
LE ROCK	ROCK
LA SOUL	SOUL
LE BLUES	BLUES
LE JAZZ	JAZZ
LA MÉLODIE	MELODY
LE TEMPO	TEMPO
COMPOSER	TO COMPOSE

29. L'HÔTEL — HOTEL

LA CLIMATISATION	AIR CONDITIONING
LE BALCON	BALCONY
LA VUE	VIEW
LA CLÉ	KEY
LA CHAMBRE	ROOM
LA RÉCEPTION	FRONT DESK
LA COUVERTURE	BLANKET
RÉSERVER	TO BOOK
LA PISCINE	SWIMMING POOL
LE MINI-BAR	MINI BAR
LE ROOM SERVICE	ROOM SERVICE
L'ASCENSEUR (M)	ELEVATOR
LE BRUIT	NOISE
BRUYANT	NOISY
L'OREILLER (M)	PILLOW
POLI	POLITE
LA PLAINTE	COMPLAINT
PROPRE	CLEAN
LE PLACARD	CUPBOARD
LA FACTURE	BILL

30. LE MARIAGE — WEDDING

FIANCÉ	ENGAGED
L'HOMME (M)	MAN
LUNE DE MIEL	HONEYMOON
SÉPARÉ	SEPARATED
RELIGIEUX	RELIGIOUS
CÉLIBATAIRE	SINGLE
LA LIBERTÉ	FREEDOM
L'ALLÉE (F)	AISLE
L'UNION (F)	UNION
MARIÉ	MARRIED
LE RÊVE	DREAM
LA FEMME	WIFE
LA CÉRÉMONIE	CEREMONY
LE CONSENTEMENT	CONSENT
LE MARI	HUSBAND
CONCUBINAGE	LIVING TOGETHER
SANS ENFANT	CHILD LESS
ENSEMBLE	TOGETHER
MON AMOUR	MY LOVE
LA DESCENDANCE	DESCENDANTS

31. LES FINANCES — FINANCE

LA FAILLITE	BANKRUPTCY
LE CHÈQUE	CHECK
LE PARI	GAMBLE
PARIER	BET
L'ENCHÈRE (F)	AUCTION
ENCHÉRIR	TO BID HIGHER
LA FACTURE	INVOICE
LA FRAUDE	FRAUD
AVIDE	GREEDY
PEU CHER	INEXPENSIVE
LE MILLIARDAIRE	BILLIONAIRE
L'OBLIGATION (F)	BOND
LA COMPTABILITÉ	BOOKKEEPING
EMPRUNTER	BORROW
LE FINANCEMENT	FINANCING
L'ENTREPRISE (F)	FIRM
FLUCTUER	FLUCTUATE
LA PRÉVISION	FORECAST
AUGMENTER	INCREASE
LES FONDS (M)	FUNDS

32. LE TRANSPORT — TRANSPORT

EN AUTOBUS (M)	BY BUS
EN AVION (M)	BY PLANE
EN BATEAU (M)	BY BOAT
EN CAMION (M)	BY TRUCK
À CHEVAL (M)	ON HORSEBACK
EN HÉLICOPTÈRE (M)	BY HELICOPTER
EN MÉTRO (M)	BY SUBWAY
EN SOUS-MARIN (M)	BY SUBMARINE
À MOTO (F)	BY MOTORCYCLE
EN FUSÉE (F)	BY ROCKET SHIP
À PIED	ON FOOT
À SCOOTER (M)	BY SCOOTER
EN TAXI (M)	BY TAXI
EN TRAIN (M)	BY TRAIN
À VÉLO (M)	BY BICYCLE
EN VOITURE (F)	BY CAR
ATTENDRE	TO WAIT
ALLER	TO GO
ARRIVER	TO ARRIVE
PARTIR	TO LEAVE

33. LA GUERRE — WAR

LE SURVIVANT	SURVIVOR
LE DÉBARQUEMENT	LANDING
L'ARMÉE (F)	ARMY
L'ARME (F)	WEAPON
LES ÉVÉNEMENTS (M)	EVENTS
LE SOLDAT	SOLDIER
LA VICTOIRE	VICTORY
LE MASQUE À GAZ	GAS MASK
LA RECHERCHE	SEARCHING
LA MITRAILLEUSE	MACHINE GUN
INTERDIT	FORBIDDEN
ARRÊTER	TO ARREST
LE FUSIL	GUN
LUTTER	TO FIGHT
FUSILLER	TO SHOOT
ENVAHIR	TO INVADE
MENER	TO LEAD
TERMINER	TO FINISH
RASSEMBLER	TO ASSEMBLE
SURVIVRE	TO SURVIVE

34. LE BUSINESS — BUSINESS

L'ENTREPRISE (F)	COMPANY
NÉGOCIER	NEGOTIATE
L'ACTION (F)	STOCK
LE SYNDICAT	TRADE UNION
LE PAIEMENT	PAYMENT
LE PRESTATAIRE	SERVICE PROVIDER
CONTRÔLER	TO CONTROL
LE PROJET	PROJECT
SUPERVISER	TO SUPERVISE
LA RÉALISATION	ACHIEVEMENT
COORDONNER	TO COORDINATE
LA DATE LIMITE	DEADLINE
LE FACILITATEUR	FACILITATOR
LE BUT	GOAL
LA TÂCHE	TASK
L'ÉQUIPE (F)	TEAM
LES DONNÉES	DATA
L'OUTIL (M)	TOOL
LE SMIC	MINIMUM WAGE
LE PERSONNEL	STAFF

35. LA NATURE — NATURE

LA TERRE	EARTH
LE CHAMP	FIELD
LA FLEUR	FLOWER
LA FORÊT	FOREST
L'HERBE (F)	GRASS
LA COLLINE	HILL
L'ÎLE (F)	ISLAND
LE LAC	LAKE
LA FEUILLE	LEAF
LA LUNE	MOON
LA MONTAGNE	MOUNTAIN
L'OCÉAN (M)	OCEAN
LA PLANTE	PLANT
LA PLUIE	RAIN
LE FLEUVE	RIVER
LE SABLE	SAND
LA MER	SEA
LE CIEL	SKY
LE MONDE	WORLD
L'ÉTOILE (F)	STAR

36. L'ARGOT — SLANG WORDS

LA BAGNOLE	CAR
OUAIS	YUP
LE BIDE	STOMACH
BIDON	FALSE
LA FAC	UNIVERSITY
BOF	MEH
LA BOUFFE	FOOD
BOUFFER	TO EAT
BOSSER	TO WORK
LE BOULOT	JOB
CASSE-TOI	GO AWAY
CHOURAVER	TO STEAL
LE CINOCHE	CINEMA
KIFFER	TO LIKE
LA CONNERIE	CRAP
CREVER	TO DIE
LA CRÈVE	A BAD COLD
LE KEUF	POLICIER
DÉBILE	CRAZY
DIRLO	HEADMASTER

37. L'AÉROPORT / AIRPORT

EMBARQUER	TO BOARD
DÉBARQUER	TO LAND
LE COMPTOIR	COUNTER
LA DOUANE	CUSTOMS
LE DÉPART	DEPARTURE
LA DESTINATION	DESTINATION
LES ASCENSEURS (M)	ELEVATORS
L'ENTRÉE (F)	ENTRANCE
LA SORTIE	EXIT
LE VOL	FLIGHT
LA PORTE	GATE
LE VOYAGE	TRIP
L'ATTERRISSAGE (M)	LANDING
LES OBJETS TROUVÉS (M)	LOST AND FOUND
LE BUREAU DE CHANGE	EXCHANGE OFFICE
LE BILLET	TICKET
L'ESCALE (F)	STOP OVER
LA VALISE	SUITCASE
LE DÉCOLLAGE	TAKE OFF
LES TAXIS (M)	TAXIS

38. LA VILLE / CITY

L'AVENUE (F)	AVENUE
LA PLAGE	BEACH
GRAND	BIG
LE CAFÉ	CAFE
LE VILLAGE	VILLAGE
LA VILLE	CITY
L'HÔPITAL (M)	HOSPITAL
L'HÔTEL (M)	HOTEL
LE STADE	STADIUM
LA BIBLIOTHÈQUE	LIBRARY
LA ROUTE	ROAD
LE CINÉMA	MOVIE THEATER
LE MUSÉE	MUSEUM
LE QUARTIER	NEIGHBORHOOD
LE PARC	PARK
LA PISCINE	POOL
JOLI	PRETTY
LE RESTAURANT	RESTAURANT
L'ÉCOLE (F)	SCHOOL
LA RUE	STREET

39. LA PLAGE / BEACH

LA PLAGE	BEACH
LE BORD DE MER	SEASHORE
L'OCÉAN (M)	OCEAN
LA CÔTE	COAST
LA PROMENADE	BOARDWALK
LE TRANSAT	BEACH CHAIR
LE PARASOL	BEACH UMBRELLA
LE MAILLOT DE BAIN	BATHING SUIT
LA SERVIETTE	TOWEL
LA CRÈME SOLAIRE	SUNSCREEN
BRONZER	TO TAN
MOUILLÉ	WET
LA VAGUE	WAVE
LA PELLE	SHOVEL
CREUSER	TO DIG
LA PIERRE	ROCK
LE CAILLOU	PEBBLE
LE COQUILLAGE	SEASHELL
SURFER	TO SURF
LE SABLE	SAND

40. LE SHOPPING / SHOPPING

LE MAGASIN	STORE
PORTER	WEAR
L'ARGENT	MONEY
DÉPENSER	TO SPEND
BEAU	BEAUTIFUL
BON MARCHÉ	CHEAP
CHER	EXPENSIVE
CHOUETTE	SUPER
COURT	SHORT
DÉMODÉ	UNFASHIONABLE
ÉLÉGANT	ELEGANT
GÉNIAL	TERRIFIC
GRAND	BIG
JOLI	PRETTY
LONG	LONG
MOCHE	UGLY
NOUVEAU	NEW
PAUVRE	POOR
RICHE	RICH
PETIT	SMALL

41. LA VOITURE / CAR

LE RÉTROVISEUR	REARVIEW MIRROR
LE VOLANT	STEERING WHEEL
LE MOTEUR	ENGINE
LA PORTIÈRE	DOOR
LE PNEU CREVÉ	FLAT TYRE
LE DIESEL	DIESEL
LA ROUE	WHEEL
L'AMENDE (F)	FINE
L'AUTOROUTE (F)	MOTORWAY
LE PERMIS	DRIVER'S LICENCE
LE CAPOT	BONNET
L'EMBRAYAGE (M)	CLUTCH
LES FREINS (M)	BRAKES
L'HUILE (F)	OIL
LE PARE-BRISE	WINDSCREEN
LA CIRCULATION	TRAFFIC
LES ESSUIE-GLACES (M)	WINDSCREEN WIPERS
SE GARER	TO PARK
TOMBER EN PANNE	TO BREAK DOWN
LE COFFRE	TRUNK

42. LE SUPERMARCHÉ / SUPERMARKET

LA RÉDUCTION	DISCOUNT
BIO	ORGANIC
LA BOULANGERIE	BAKERY
LA POISSONNERIE	FISHMONGER'S
LA VIANDE CRUE	RAW MEAT
LE PRODUIT	PRODUCT
LES BOISSONS (F)	DRINKS
LES VÊTEMENTS (M)	CLOTHES
LA PAPETERIE	STATIONARY
ACHETER	TO BUY
L'ÉPICERIE (F)	GROCERY SHOP
LA CAISSE	CHECKOUT
LE CAISSIER	CASHIER
LE RAYON	SECTION
LA FILE D'ATTENTE	WAITING LINE
LES JOUETS (M)	TOYS
LA LAITERIE	DAIRY
L'ALCOOL (M)	ALCOHOL
LES FRUITS (M)	FRUITS
LES BISCUITS (M)	BISCUITS

43. LES LÉGUMES / VEGETABLES

L'AIL (M)	GARLIC
L'ARTICHAUT (M)	ARTICHOKE
L'ASPERGE (F)	ASPARAGUS
L'AUBERGINE (F)	EGGPLANT
LA BETTERAVE	BEETROOT
LE BROCOLI	BROCCOLI
LA CAROTTE	CARROT
LE CHAMPIGNON	MUSHROOM
LE CÉLERI	CELERY
LE CHOU	CABBAGE
LE CHOU-FLEUR	CAULIFLOWER
LE CONCOMBRE	CUCUMBER
LA CORIANDRE	CORIANDER
LA COURGETTE	ZUCCHINI
L'ÉPINARD (M)	SPINACH
LES HARICOTS (M)	BEANS
LES HARICOTS VERTS (M)	GREEN BEANS
LA LAITUE	LETTUCE
LES LENTILLES (F)	LENTILS
LE MAÏS	CORN

44. NOËL / CHRISTMAS

JOYEUX NOËL	MERRY CHRISTMAS
LE SAPIN DE NOËL	CHRISTMAS TREE
DÉCORER	TO DECORATE
LA GUIRLANDE	TINSEL
LA BÛCHE DE NOËL	YULE LOG
L'ÉTOILE (F)	STAR
L'ANGE (M)	ANGEL
L'HOUX (M)	HOLLY
LE RÔTI	ROAST
LES BISCUITS (M)	COOKIES
LA BOUGIE	CANDLE
LA CLOCHE	BELL
LE GUI	MISTLETOE
LE CADEAU	PRESENT
LA LETTRE	LETTER
LE PÈRE NOËL	SANTA CLAUS
LE TRAÎNEAU	SLEIGH
LE RENNE	REINDEER
LE LUTIN	AN ELF
LE FLOCON DE NEIGE	SNOWFLAKE

45. LA SALLE DE BAIN / BATHROOM

LA DOUCHE	SHOWER
LA BAIGNOIRE	BATHTUB
LE BAIN	BATH
LE LAVABO	WASH BASIN
LA SERVIETTE	BATH TOWEL
LA LOTION	LOTION
LE SHAMPOOING	SHAMPOO
LA BOMBE DE BAIN	BATH BOMB
LES TOILETTES (F)	TOILET
LE RASOIR JETABLE	DISPOSABLE RAZOR
LE SAVON	SOAP
LE BAIN DE BOUCHE	MOUTHWASH
LA BROSSE À DENTS	TOOTHBRUSH
LE DENTIFRICE	TOOTHPASTE
LE MIROIR	MIRROR
LE CHAUFFE-EAU	WATER HEATER
LE PEIGNE	COMB
LE DÉODORANT	DEODORANT
LA LAQUE	HAIRSPRAY
LE COUPE-ONGLES (M)	NAIL CLIPPERS

46. LES MEUBLES — FURNITURE

LE TABLEAU	PAINTING
L'ÉTAGÈRE (F)	BOOKSHELF
LE CANAPÉ	SOFA
LE TAPIS	RUG
LE FAUTEUIL	ARMCHAIR
LES RIDEAUX (M)	CURTAINS
LA TABLE	TABLE
LA CHAISE	CHAIR
LE GRILLE-PAIN	TOASTER
L'ÉVIER (M)	KITCHEN SINK
LE LAVE-VAISSELLE	DISHWASHER
LE LAVE-LINGE	WASHING MACHINE
LA CUISINIÈRE	STOVE
LE FRIGO	REFRIGERATOR
LES PLACARDS (M)	CABINETS
LE LAVABO	SINK
LE MICRO-ONDES	MICROWAVE
LE FOUR	OVEN
LE FAUTEUIL	ARMCHAIR
LE BUREAU	DESK

47. LE DIVERTISSEMENT — ENTERTAINMENT

LE DESSIN ANIMÉ	CARTOON
LE DOCUMENTAIRE	DOCUMENTARY
LE FEUILLETON	SOAP OPERA
LE FILM	MOVIE
LES JEUX TÉLÉVISÉS	GAME SHOW
LE PROGRAMME	PROGRAM
LE SPECTACLE	SHOW
LA CHAÎNE	CHANNEL
L'ÉMISSION (F)	TV SHOW
LA SÉRIE	SERIES
LA MÉTÉO	WEATHER
LES INFORMATIONS (F)	NEWS
LA PUBLICITÉ	COMMERCIAL
LA TÉLÉCOMMANDE	REMOTE CONTROL
FAVORI (M)	FAVORITE
PRÉFÉRÉ	PREFERRED
À LA TÉLÉ	ON THE TV
LE MÉDIA	MEDIA
COMIQUE	COMICAL
LE DOUBLEUR	VOICE ACTOR

48. LES OISEAUX — BIRDS

L'AIGLE (M)	EAGLE
LE MERLE	BLACKBIRD
LA MÉSANGE BLEUE	BLUE TIT
L'HIRONDELLE (F)	SWALLOW
LE MARTINET	SWIFT
LE MOINEAU	SPARROW
LE CORBEAU	RAVEN
LE ROUGE-GORGE	ROBIN
LE BOUVREUIL	BULLFINCH
LE GEAI	JAY
LA COLOMBE	DOVE
LA POULE	HEN
LA GRUE	CRANE
LE FAUCON	HAWK
LA DINDE	TURKEY
LA CAILLE	QUAIL
LA CHOUETTE	OWL
LE PAON	PEACOCK
LE PIGEON	PIGEON
LE CYGNE	SWAN

49. LES BOISSONS — DRINKS

LA BIÈRE	BEER
L'EAU GAZEUSE (F)	SPARKLING WATEER
LE CHAMPAGNE	CHAMPAGNE
LE CIDRE	CIDER
LE CAFÉ	COFFEE
LE CAFÉ AU LAIT	COFFEE WITH MILK
LE VIN	WINE
LA LIMONADE	LEMONADE
LE CITRON PRESSÉ	PRESSED LEMONADE
L'ORANGE PRESSÉE (F)	FRESHLY SQUEEZED OJ
LE JUS D'ANANAS	PINEAPPLE JUICE
LE JUS DE RAISIN	GRAPE JUICE
LE CHOCOLAT CHAUD	HOT CHOCOLATE
LE THÉ GLACÉ	ICED TEA
LE SODA	SODA
LE JUS	JUICE
LE LAIT	MILK
L'EAU MINÉRALE (F)	MINERAL WATER
LE DIABOLO MENTHE	LEMONADE AND MINT
LE THÉ	TEA

50. LES SENS — SENSES

LA VUE	SIGHT
L'OUÏE (F)	HEARING
LE GOÛT	TASTE
L'ODORAT (M)	SMELL
LE TOUCHER	TOUCH
ENTREVOIR	TO GLIMPSE
ENTENDRE	TO HEAR
SAVOURER	TO ENJOY
GOÛTER	TO TASTE
RENIFLER	TO SNIFF
DÉGOÛTÉ	DISGUSTED
APERCEVOIR	TO CATCH SIGHT OF
CONTEMPLER	TO GAZE AT
EXAMINER	TO EXAMINE
OBÉIR	TO OBEY
CARESSER	TO STROKE
AVEUGLÉ	BLINDED
ATTRAPER	TO GRAB
TAPOTER	TAP
SENTIR	TO FEEL

51. LE CORPS — BODY

LA TRACHÉE	WINDPIPE
LA THYROÏDE	THYROID GLAND
LE POUMON (M)	LUNG
LE CŒUR	HEART
L'ESTOMAC (M)	STOMACH
LE FOIE	LIVER
LES REINS (M)	KIDNEY
LE PANCRÉAS	PANCREAS
L'INTESTIN GRÊLE (M)	SMALL INTESTINE
LE GROS INTESTIN	LARGE INTESTINE
L'APPENDICE (M)	APPENDIX
LE CERVEAU	BRAIN
L'ŒSOPHAGE (M)	ESOPHAGUS
LA GORGE	THROAT
LES SINUS (M)	SINUS
LA LANGUE	TONGUE
LES CORDES VOCALES (F)	VOCAL CORDS
LA POMME D'ADAM	ADAM'S APPLE
L'UTÉRUS (M)	UTERUS
LA VESSIE	BLADDER

52. LES CRÉATURES MARINES — SEA CREATURES

LA SARDINE	SARDINE
LE SAUMON	SALMON
L'ANGUILLE (F)	EEL
L'ANCHOIS (M)	ANCHOVY
LE THON	TUNA
LA MÉDUSE	JELLYFISH
LE REQUIN	SHARK
LA BALEINE	WHALE
LE DAUPHIN	DOLPHIN
L'ORQUE (M)	ORCA
LE CRABE	CRAB
LE COQUILLAGE	SHELLFISH
LE HOMARD	LOBSTER
L'HUÎTRE (F)	OYSTER
LA MOULE	MUSSEL
LA PIEUVRE	OCTOPUS
LE CALAMAR	SQUID
L'ESPADON (M)	SWORDFISH
L'ÉTOILE DE MER (F)	STARFISH
LE PHOQUE	SEAL

53. LA GÉOGRAPHIE — GEOGRAPHY

LA RÉGION	REGION
LA PROVINCE	PROVINCE
L'ÉTAT (M)	STATE
LE ROYAUME	KINGDOM
LE DÉSERT	DESERT
LA FRONTIÈRE	BORDER
LA CARTE	MAP
LA ROUTE	ROAD
L'AUTOROUTE (F)	HIGHWAY
LA CÔTE	COASTLINE
LA PLAINE	PLAIN
LA VALLÉE	VALLEY
LA MONTAGNE	MOUNTAIN
LA COLLINE	HILL
L'ÎLE (F)	ISLAND
LE PONT	BRIDGE
LA MER	SEA
L'OCÉAN (M)	OCEAN
LA RIVIÈRE	RIVER (TRIBUTARY)
LE FLEUVE	A RIVER FLOWING INTO THE SEA

54. LES PREMIERS SECOURS — FIRST AID

LE SANG	BLOOD
LE PANSEMENT	BANDAGE
LE SAUVETAGE	RESCUE
LE KIT D'URGENCE	EMERGENCY KIT
COAGULER	TO CLOT
LA RESPIRATION	BREATHING
SAIGNER	TO BLEED
LES BACTÉRIES (F)	BACTERIA
PANSER	TO BANDAGE
VÉRIFIER	TO CHECK
LES SOINS	CARE
L'ÉGRATIGNURE (F)	A SCRATCH
LE BOUCHE-À-BOUCHE	MOUTH TO MOUTH
ÉVANOUI	UNCONSCIOUS
L'INFECTION (F)	INFECTION
LA POMMADE	OINTMENT
LA PINCE À ÉPILER	TWEEZERS
L'URGENCE (F)	EMERGENCY
LA BLESSURE	WOUND
LE BATTEMENT	BEATING

55. L'APPARENCE — APPEARANCE
ANDROGYNE	ANDROGYNOUS
BRONZÉ	TANNED
PÂLE	PALE
LES RIDES (F)	WRINKLES
BEAU	BEAUTIFUL
MOCHE	UGLY
LA COIFFURE	HAIRDO
MAQUILLÉ	SOMEONE WITH MAKE-UP
CHAUVE	BALD
LA SILHOUETTE	FIGURE
LE GRAIN DE BEAUTÉ	MOLE
LES CILS (M)	EYELASHES
PETIT	SHORT
GRAND	TALL
LES SOURCILS (M)	EYEBROWS
LES LENTILLES (F)	CONTACT LENS
LA PERRUQUE	WIG
LA MOUSTACHE	MOUSTACHE
LES BOUTONS (M)	SPOTS
LA BARBE	BEARD

56. LES DESSERTS — DESSERTS
LA GLACE	ICE CREAM
LE GÂTEAU	CAKE
LA TARTELETTE	TARTLET
LA TARTE	PIE
LA CRÈME BRÛLÉE	CUSTARD WITH BURNT CREAM
LES BONBONS (M)	CANDY
LA PÂTISSERIE	PASTRY
LA COUPE DE GLACE	A SCOOP OF ICE CREAM
LA MERINGUE	MERINGUE
LE SORBET	SORBET
LE RIZ AU LAIT	RICE PUDDING
LES COOKIES (M)	COOKIES
LA CRÊPE	CREPE
LA CRÈME	CREAM
LA CHANTILLY	FRESH WHIPPED CREAM
LE YAOURT	YOGURT
LA GALETTE	WAFFLES
LE CHOCOLAT	CHOCOLATE
LE MACARON	MACAROON
LES PETITS FOURS (M)	MINI-CAKES

57. LA BANQUE — BANK
L'ARGENT (M)	CASH
LE BILLET	BANK NOTE
LE BANQUIER	BANKER
L'EURO (M)	EURO
DE LA MONNAIE	CHANGE
LA PIÈCE	COIN
COMPTER	TO COUNT
LE COMPTE COURANT	CHECKING ACCOUNT
LE CHÈQUE	CHECK
FAIRE UN DÉPÔT	TO DEPOSIT MONEY
RETIRER	TO WITHDRAW
LE PORTE-MONNAIE	COIN PURSE
ÉCONOMISER	TO SAVE MONEY
PRÊTER	TO LEND
EMPRUNTER	TO BORROW
ÉPARGNER	TO PUT MONEY ASIDE
RENDRE	TO GIVE BACK
LE DÉCOUVERT	OVERDRAFT
LE COFFRE-FORT	SAFE
LE CAISSIER	CASHIER

58. LES TISSUS — FABRICS
LE COTON	COTTON
LE CUIR	LEATHER
LE DAIM	SUEDE
LA DENTELLE	LACE
LE FEUTRE	FELT
LA FLANELLE	FLANNEL
LA FOURRURE	FUR
LA LAINE	WOOL
LE LIN	LINEN
LE NYLON	NYLON
LE SATIN	SATIN
LA SOIE	SILK
LE VELOURS	VELVET
LE TULLE	NETTING
LE TRICOT	KNITTING
LA BRODERIE	EMBROIDERY
LE POLYESTER	POLYESTER
LE RUBAN	RIBBON
LE VOILE	VEIL
LE TWEED	TWEED

59. LA SALLE DE CLASSE — CLASSROOM
L'HORLOGE (F)	CLOCK
LE TABLEAU BLANC	WHITE BOARD
LA CARTE	MAP
LES LIVRES (M)	BOOKS
LES ÉTAGÈRES	BOOK SHELVES
LE BUREAU	DESK
L'ORDINATEUR (M)	COMPUTER
LE PORTEMANTEAU	COAT RACK
LA RANGÉE	A ROW
LE CAMARADE	CLASSMATE
LE CANCRE	A DUFFER
LA TROUSSE	PENCIL CASE
L'INTERRUPTEUR (M)	LIGHT SWITCH
LE TABLEAU NOIR	BLACK BOARD
LE PLACARD	CUPBOARD
LES FEUTRES (M)	MARKERS
LE PROJECTEUR	PROJECTOR
LES STORES	BLINDS
LA FENÊTRE	WINDOW
LES POSTERS (M)	POSTERS

60. LES OUTILS — TOOLS
LA HACHE	AXE
L'ENCLUME (F)	ANVIL
LE CLOU	NAIL
LE BOULON	BOLT
LA BROSSE	BRUSH
LA NOIX	NUT
LA TONDEUSE	LAWNMOWER
LE CISEAU À BOIS	CHISEL
LA PERCEUSE	DRILL
LE CUTTER	CUTTER
LA PONCEUSE	SANDER
LA COLLE	GLUE
LA PINCE	PLIERS
LE MARTEAU	HAMMER
LA CLÉ	WRENCH
LA SCIE	SAW
LA HACHETTE	HATCHET
LE TOURNEVIS	SCREWDRIVER
L'ÉCHELLE (F)	LADDER
LA MACHETTE	MACHETE

61. LES MATÉRIAUX — MATERIALS
À RAYURES	STRIPY
À CARREAUX	CHECKED
À FLEURS	FLOWERY
UNI	PLAIN
MULTICOLORE	MULTICOLOURED
L'ACIER (M)	STEEL
CAOUTCHOUC	RUBBER
RAIDE	STRAIGHT
ONDULÉ	WAVY LINE
LE TISSU	FABRIC
NATUREL	NATURAL
SYNTHÉTIQUE	SYNTHETIC
BIOLOGIQUE	ORGANIC
FABRIQUÉ	MANUFACTURED
DOUX	SOFT
RUGUEUX	ROUGH
ÉLASTIQUE	ELASTIC
LES FORMES (F)	SHAPES
PLAT	FLAT
DUR	HARD

62. LES INSTRUMENTS — INSTRUMENTS
LA BATTERIE	DRUMS
LES BOIS (M)	WOODWIND
LE VIOLON	VIOLIN
CHANTER	TO SING
LE CHANTEUR	SINGER
LA CHORALE	CHOIR
LE CHORISTE	CHOIR SINGER
LA CLARINETTE	CLARINET
LE CLAVIER	KEYBOARD
LES CORDES (F)	STRINGS
LES CUIVRES (M)	BRASS
LA GUITARE	GUITAR
L'ORCHESTRE (M)	ORCHESTRA
LE COUPLET	VERSE
LE MUSICIEN	MUSICIAN
LE TROMBONE	TROMBONE
LA TROMPETTE	TRUMPET
LE REFRAIN	CHORUS
LA SYMPHONIE	SYMPHONY
LE SYNTHÉTISEUR	SYNTHESIZER

63. LA PHARMACIE — PHARMACY
LA CRÈME SOLAIRE	SUNSCREEN
LES PASTILLES (F)	LOZENGES
L'ANTIDOULEUR (M)	PAIN KILLER
LE SOMNIFÈRE	SLEEPING PILL
LE COLLYRE	EYE DROPS
LES VITAMINES (F)	VITAMINS
LA TISANE	HERBAL TEA
LE SPARADRAP	BAND-AID
LES MOUCHOIRS	TISSUES
LES SELS DE BAIN (M)	BATH SALTS
L'ORDONNANCE (F)	PRESCRIPTION
LE BAUME À LÈVRES	LIP BALM
LES ÉPINGLES (F)	SAFETY PINS
LE DÉMAQUILLANT	MAKE-UP REMOVER
LA POMMADE	OINTMENT
LE PANSEMENT	BANDAGE
LA CRÈME DE NUIT	NIGHT CREAM
LE DÉSINFECTANT	SANITIZER
LA PILULE	PILL
LE PARACÉTAMOL	PARACETAMOL

64. LES INSECTES — INSECTS

L'ANTENNE (F)	ANTENNA
L'ARAIGNÉE (F)	SPIDER
LE CAFARD	COCKROACH
GAZOUILLER (V)	TO CHIRP
LA CHENILLE	CATERPILLAR
LA COCCINELLE	LADYBUG
LE COCON	COCOON
LE DARD	STINGER
L'ESCARGOT (M)	SNAIL
LA FOURMI	ANT
LA FOURMILIÈRE	ANTHILL
LE CRIQUET	GRASSHOPPER
LA GUÊPE	WASP
LA LIBELLULE	DRAGONFLY
LA LIMACE	SLUG
LA PUCE	FLEA
LE MILLE-PATTES	CENTIPEDE
LA MOUCHE	FLY
LE MOUSTIQUE	MOSQUITO
LE PAPILLON	BUTTERFLY

65. L'ART — ART

PEINDRE	TO PAINT
À L'EXTÉRIEUR	OUTDOORS
À L'INTÉRIEUR	INDOORS
LE PINCEAU	PAINTBRUSH
LA TECHNIQUE	TECHNIQUE
LE TABLEAU	PAINTING
LE TOURBILLON	SWIRL
LE PEINTRE	PAINTER
LE CHEF D'ŒUVRE	MASTERPIECE
LA NATURE-MORTE	STILL-LIFE
LE PAYSAGE	LANDSCAPE
LE PORTRAIT	PORTRAIT
LA LUMIÈRE	LIGHT
L'OMBRE (F)	SHADOW
LES COULEURS VIVES	BRIGHT COLORS
DESSINER	TO DRAW
À L'ARRIÈRE-PLAN	IN THE BACKGROUND
AU PREMIER PLAN	IN THE FOREGROUND
L'ÉPOQUE (F)	TIME PERIOD
LA TOILE	CANVAS

66. LES CORVÉES — CHORES

CUISINER	TO COOK
BALAYER	TO SWEEP
FAIRE SON LIT	TO MAKE ONE'S BED
RÉCURER	TO SCRUB
LA CUISINIÈRE	STOVE TOP
METTRE LA TABLE	TO SET THE TABLE
LE FOUR	OVEN
LA MACHINE À LAVER	WASHING MACHINE
LE SÈCHE-LINGE	CLOTHES DRYER
FAIRE LE MÉNAGE	TO CLEAN UP
TONDRE LE GAZON	TO MOW THE LAWN
NETTOYER	TO CLEAN
JARDINAGE	YARD WORK
SERPILLIÈRE	TO MOP
LA CHAMBRE	BEDROOM
LA SALLE DE BAINS	BATHROOM
LA CUISINE	KITCHEN
LA SALLE À MANGER	DINING ROOM
LE GARAGE	GARAGE
LE SALON	LIVING ROOM

67. LA ROUTINE — ROUTINE

SE RÉVEILLER	TO WAKE UP
SE LEVER	TO GET UP
SE BROSSER	TO BRUSH ONE'S TEETH
S'AMUSER	TO HAVE FUN
PRENDRE SOIN DE	TO TAKE CARE OF
SE PEIGNER	TO COMB
SE RASER	TO SHAVE ONESELF
SE LAVER	TO WASH ONESELF
SE DOUCHER	TO SHOWER
SE MAQUILLER	TO PUT MAKE UP ON
PRENDRE UN BAIN	TO TAKE A BATH
SE COIFFER	TO FIX ONE'S HAIR
SE PRÉPARER	TO GET READY
S'HABILLER	TO GET DRESSED
S'EN ALLER	TO BE OFF
SE DÉPÊCHER	TO HURRY UP
SE REPOSER	TO REST
SE DÉSHABILLER	TO UNDRESS
SE COUCHER	TO GO TO BED
S'ENDORMIR	TO FALL ASLEEP

68. LES OBJETS DE LA MAISON — HOUSEHOLD OBJECTS

LE LAVE-VAISSELLE	DISHWASHER
LE BUREAU	DESK
LA COMMODE	DRESSER
LE FAUTEUIL	ARMCHAIR
LE LUSTRE	CHANDELIER
LE VENTILATEUR	FAN
LE MICRO-ONDES	MICROWAVE
LE CANAPÉ	SOFA
LA TABLE BASSE	COFFEE TABLE
LE LAMPADAIRE	FLOOR LAMP
L'ÉTAGÈRE (F)	SHELF
LE LIT	BED
LA CONSOLE DE JEUX	GAME CONSOLE
LA BAIGNOIRE	BATHTUB
LA TABLE DE CHEVET	NIGHTSTAND
LE TAPIS	CARPET
LE PLACARD	CUPBOARD
LA CHAISE	CHAIR
L'ÉVIER (M)	KITCHEN SINK
LA CUISINIÈRE	STOVE

1. LES COULEURS SOLUTION

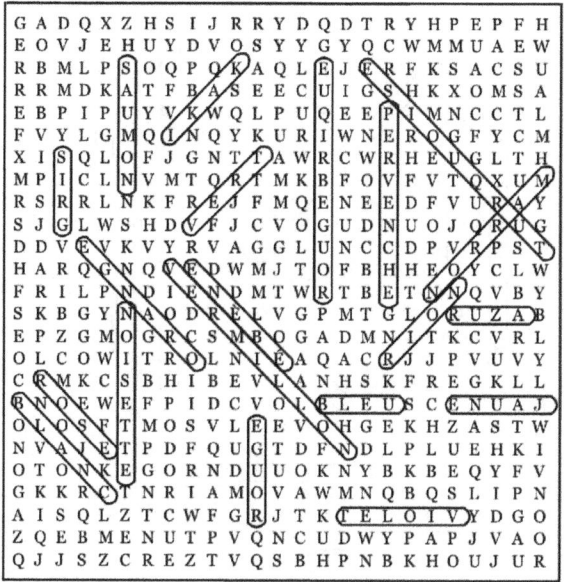

2. LES ANIMAUX SOLUTION

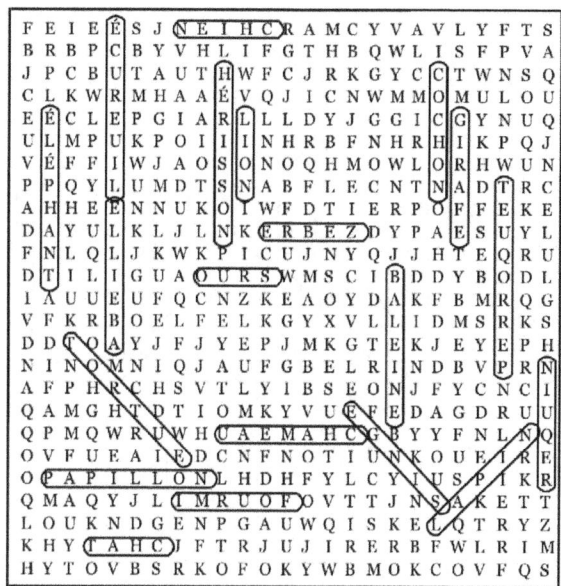

3. LES FRUITS SOLUTION

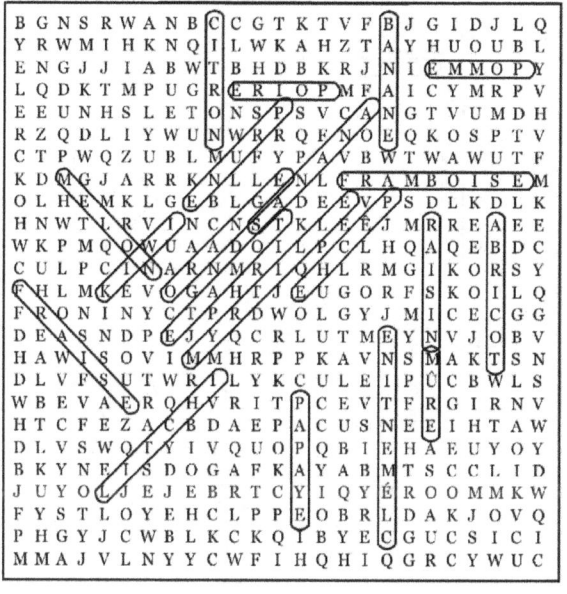

4. LES VÊTEMENTS SOLUTION

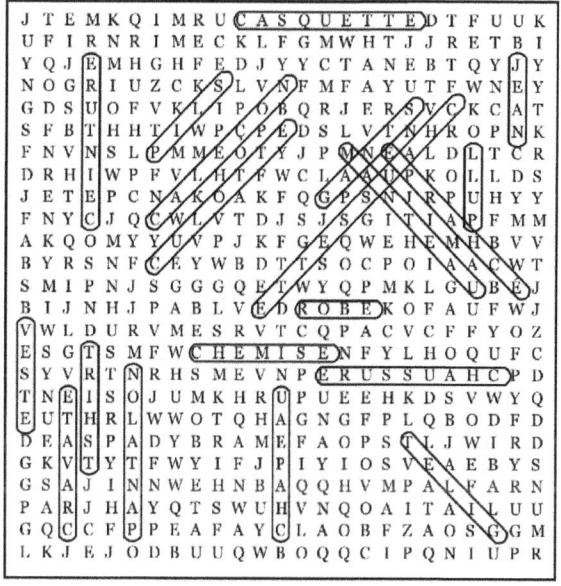

5. LE CORPS SOLUTION

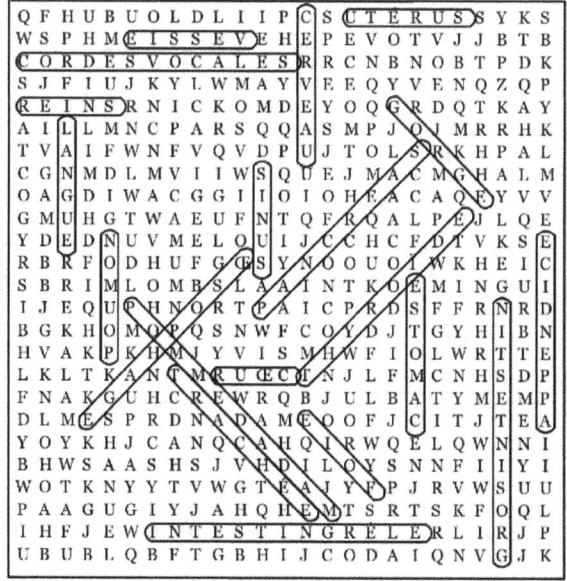

6. LA CHAMBRE SOLUTION

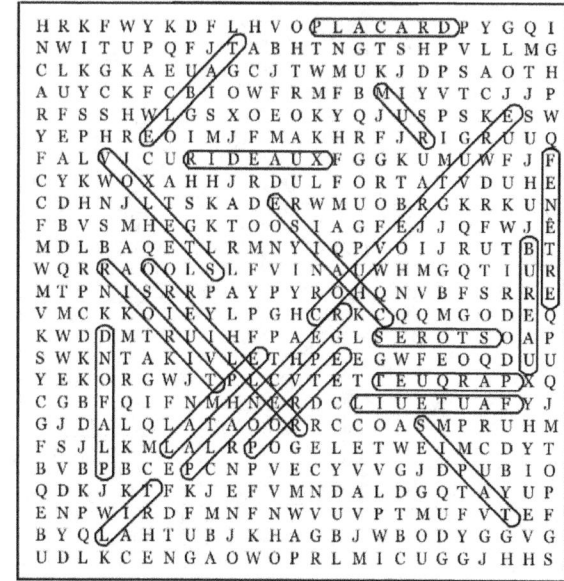

7. LE RESTAURANT SOLUTION

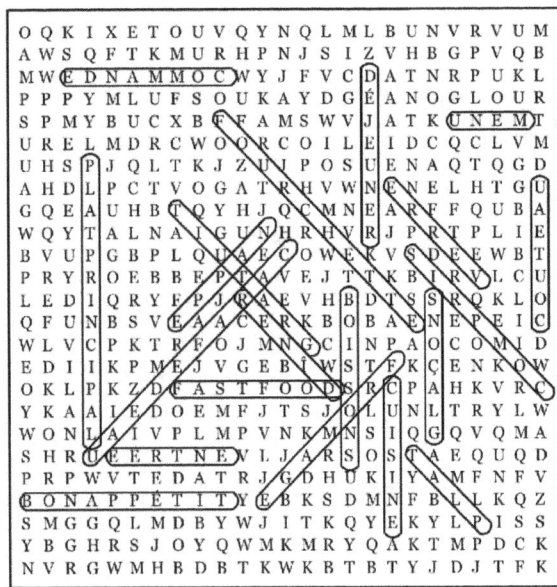

8. LA NOURRITURE SOLUTION

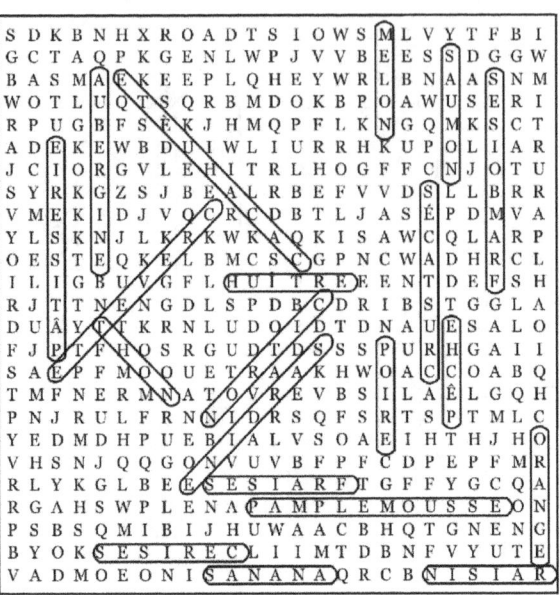

9. LE VOYAGE SOLUTION

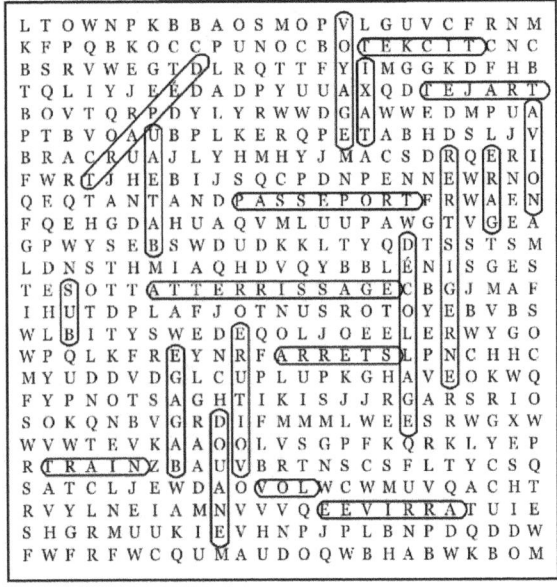

10. LES SPORTS SOLUTION

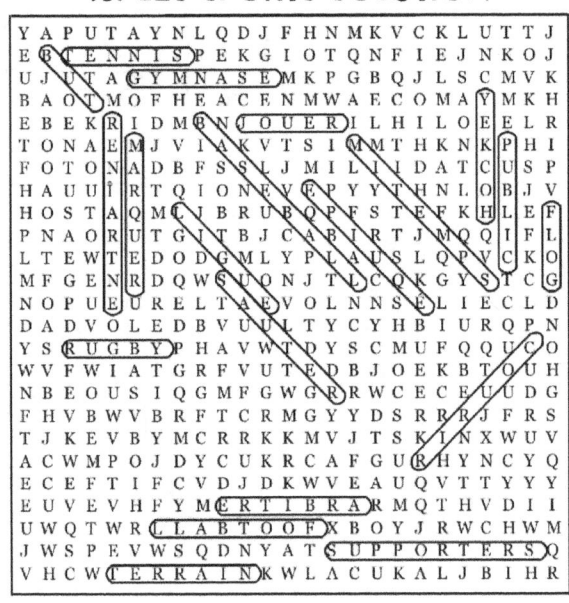

11. LE BUREAU SOLUTION

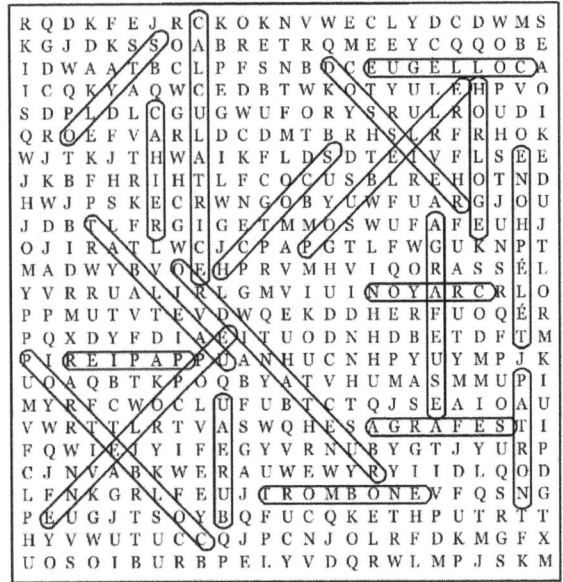

12. LA FAMILLE SOLUTION

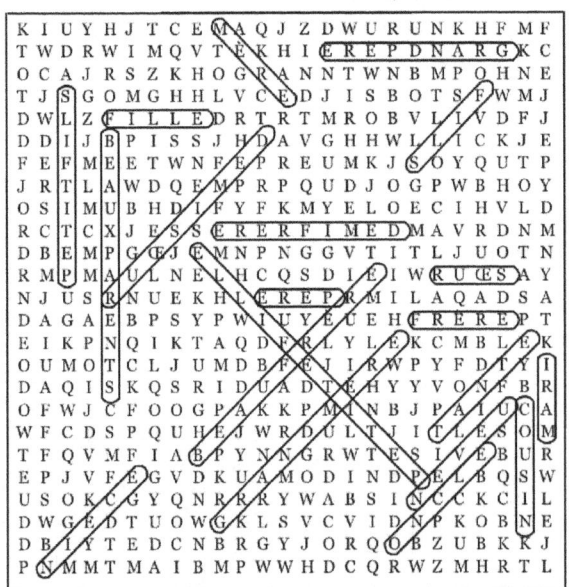

13. LES PAYS SOLUTION

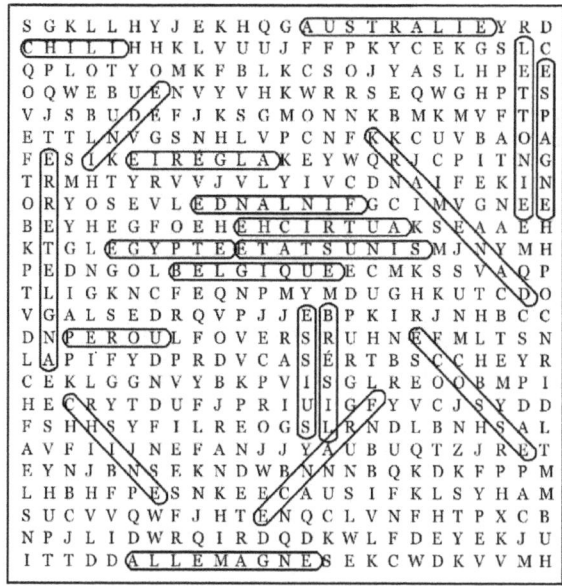

14. LES ÉMOTIONS SOLUTION

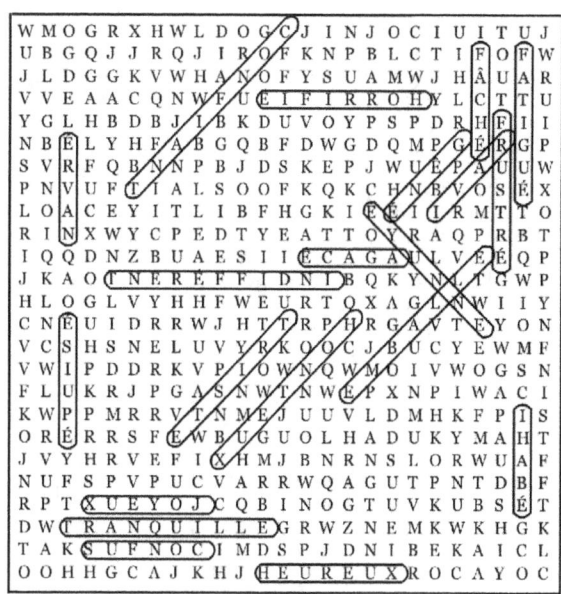

15. LES PASSE-TEMPS SOLUTION

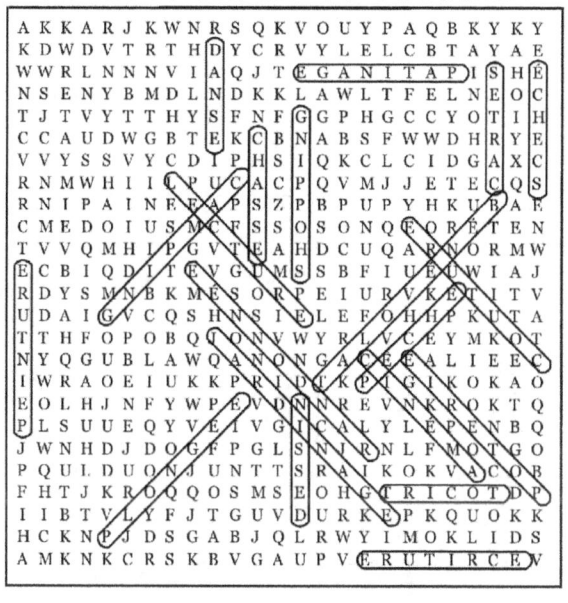

16. LA CUISINE SOLUTION

17. LE CRIME SOLUTION

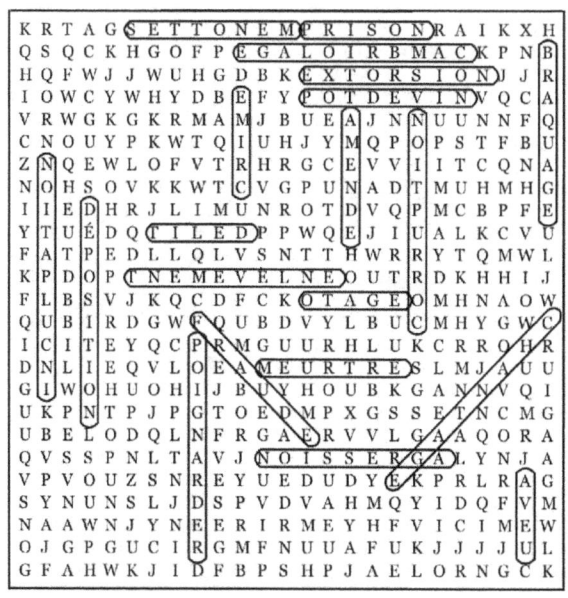

18. L'ESPACE SOLUTION

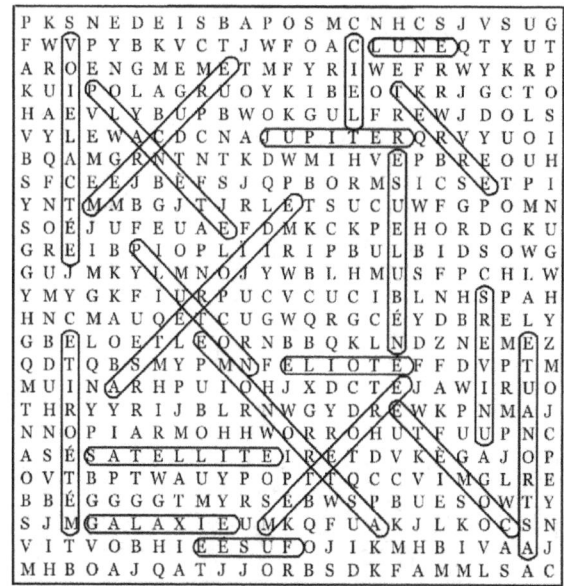

19. L'HYGIÈNE SOLUTION

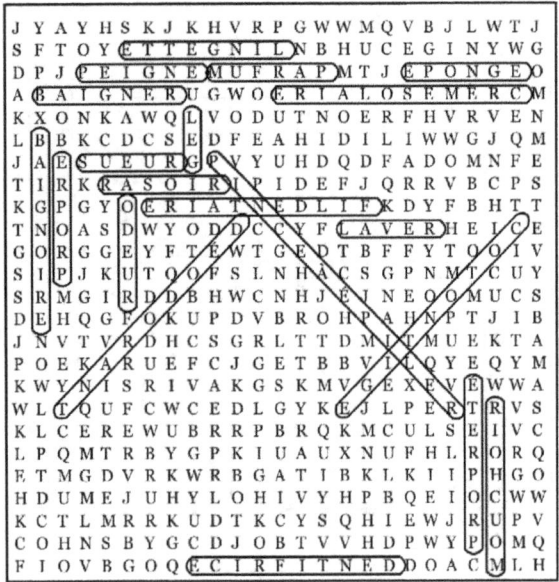

20. LA TECHNOLOGIE SOLUTION

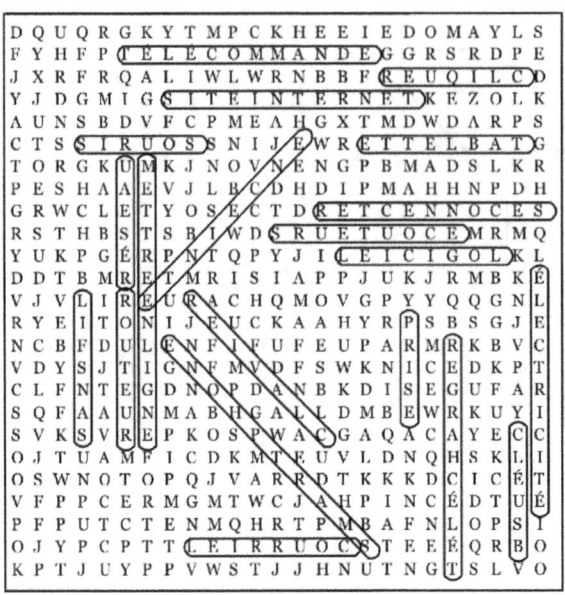

21. LES ADJECTIFS SOLUTION

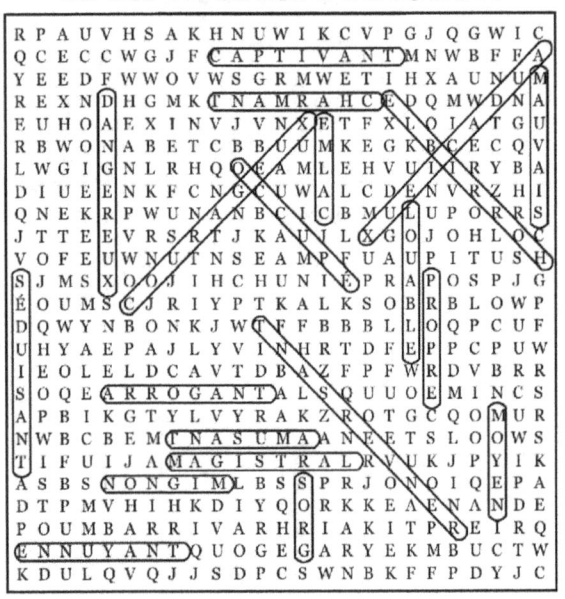

22. LA MÉTÉO SOLUTION

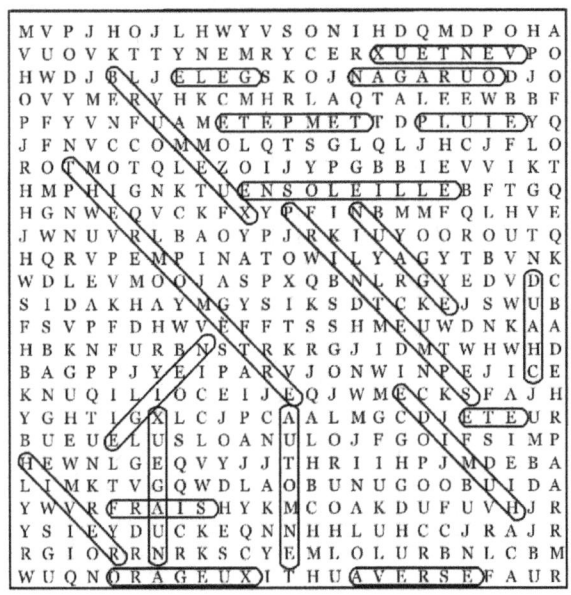

23. LE CINÉMA SOLUTION

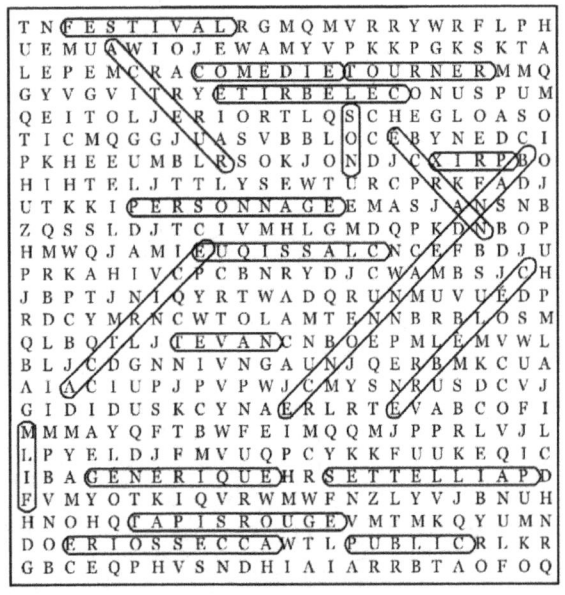

24. LA SANTÉ SOLUTION

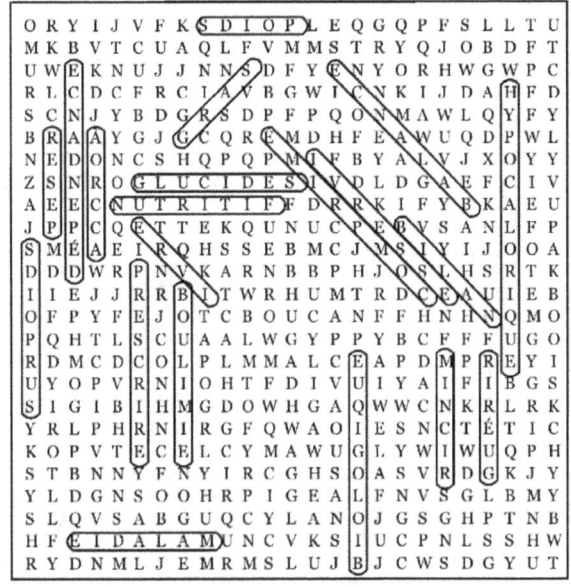

25. LA POLITIQUE SOLUTION

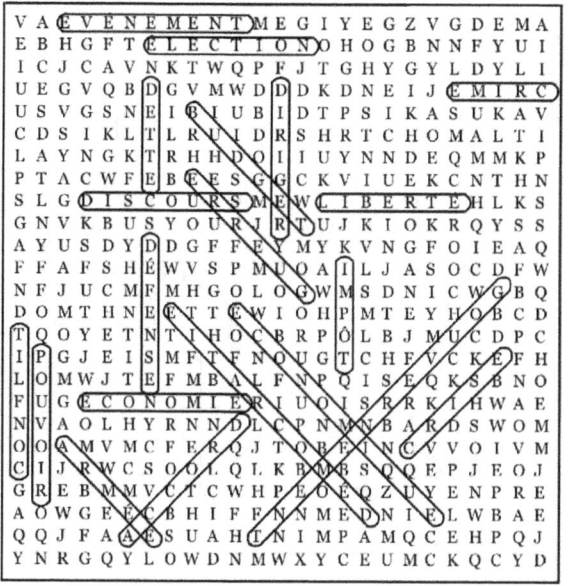

26. LA LOI SOLUTION

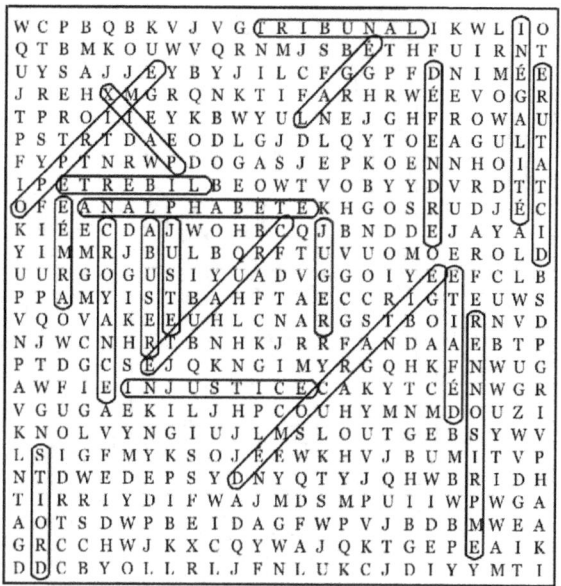

27. LES VACANCES SOLUTION

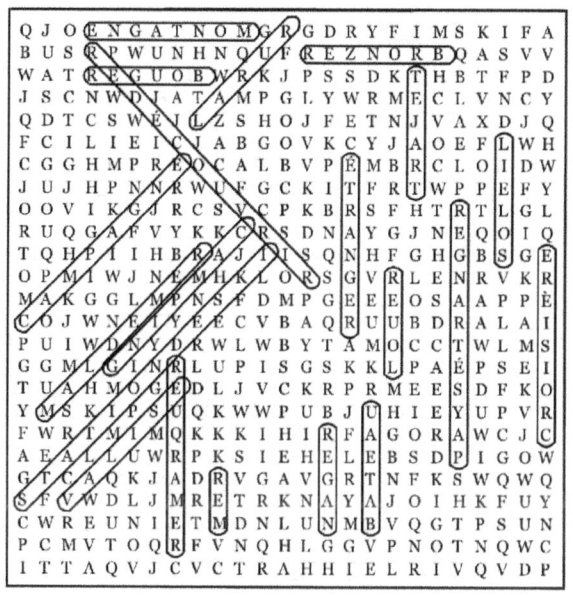

28. LA MUSIQUE SOLUTION

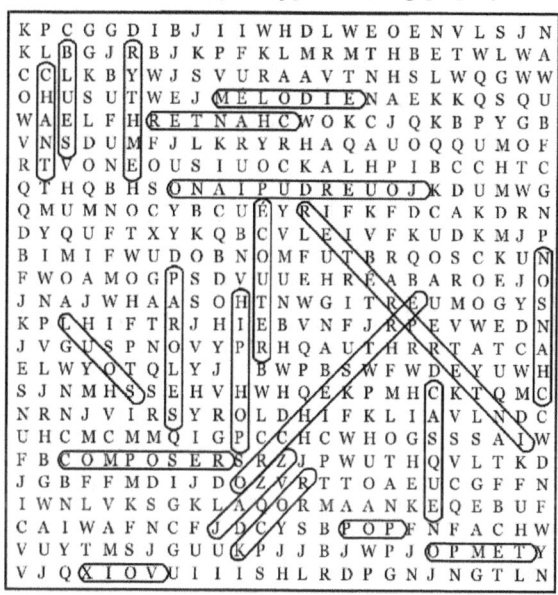

29. L'HÔTEL SOLUTION

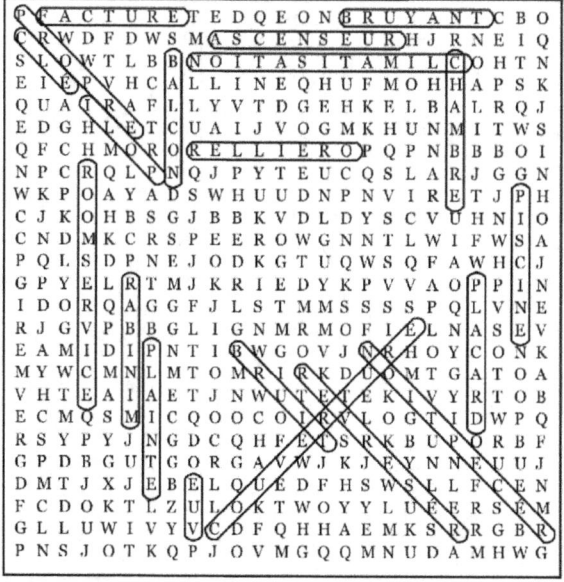

30. LE MARRIAGE SOLUTION

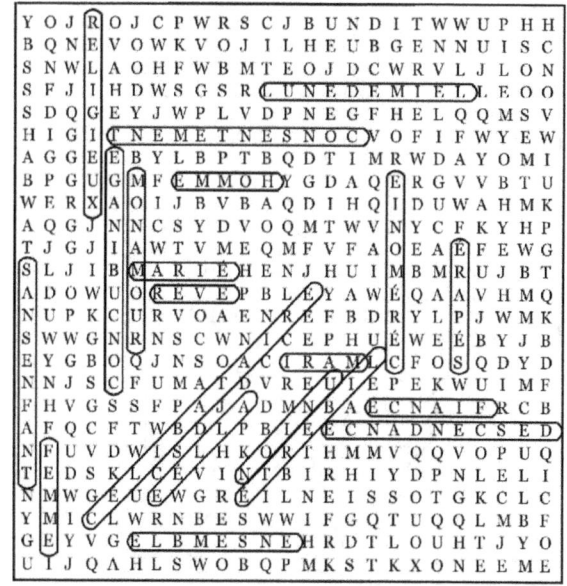

31. LES FINANCES SOLUTION

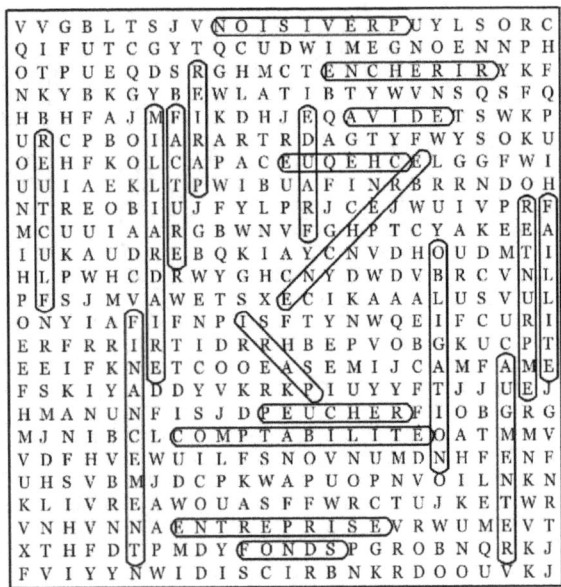

32. LE TRANSPORT SOLUTION

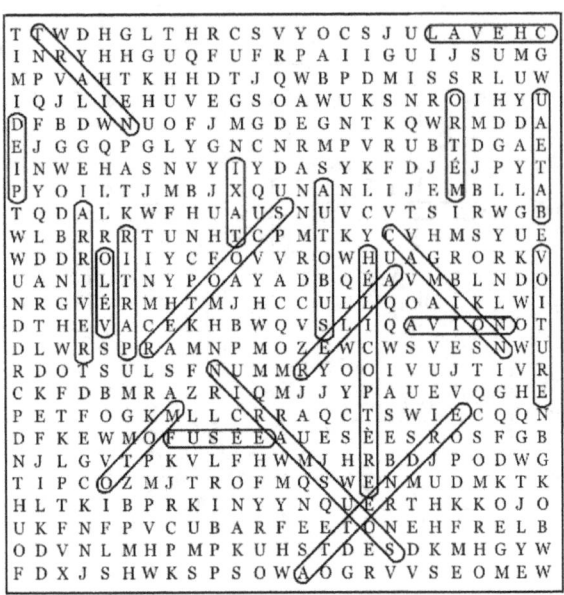

33. LA GUERRE SOLUTION

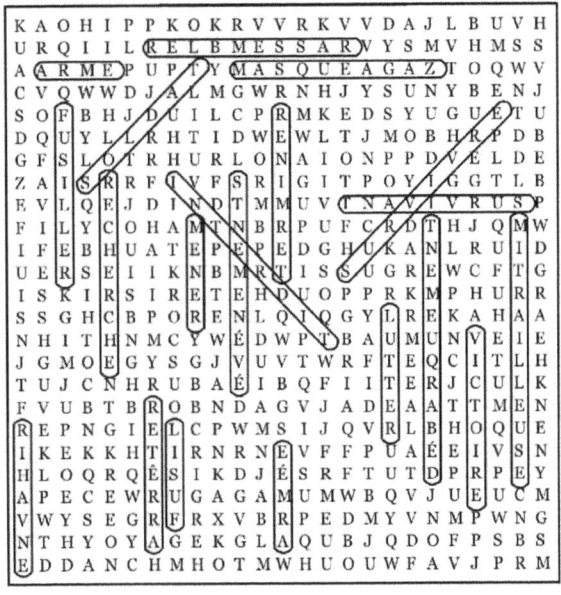

34. LE BUSINESS SOLUTION

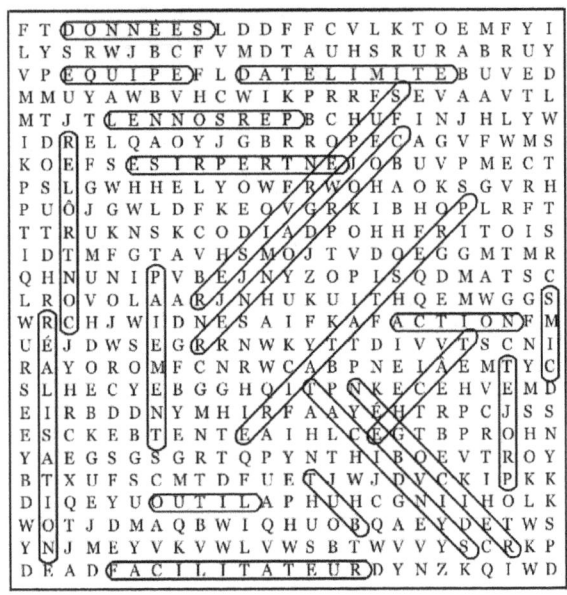

35. LA NATURE SOLUTION

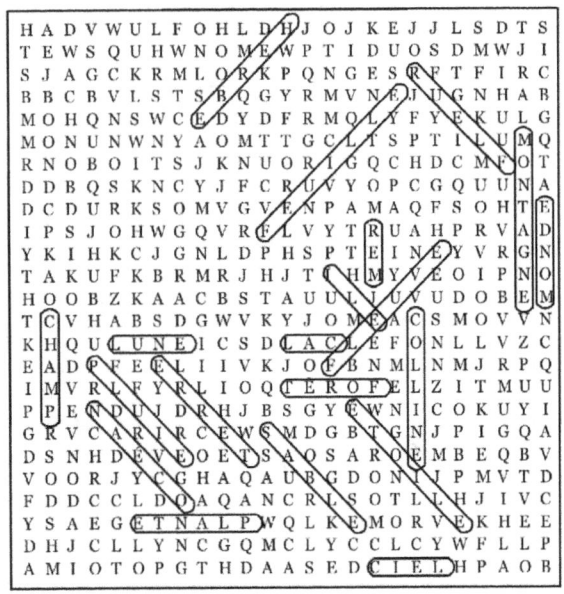

36. L'ARGOT SOLUTION

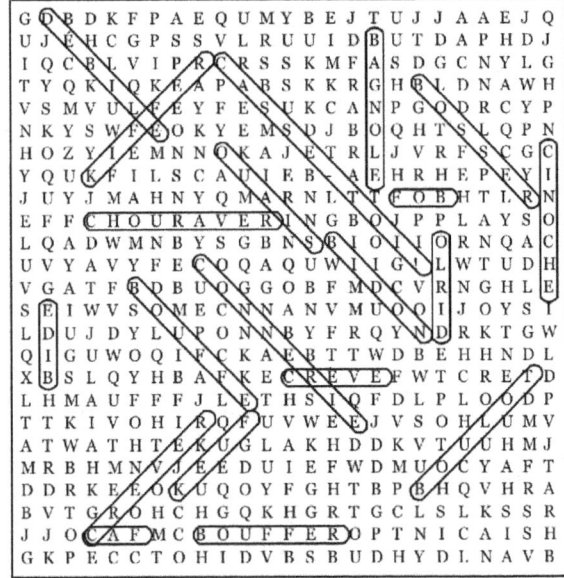

37. L'AÉROPORT SOLUTION

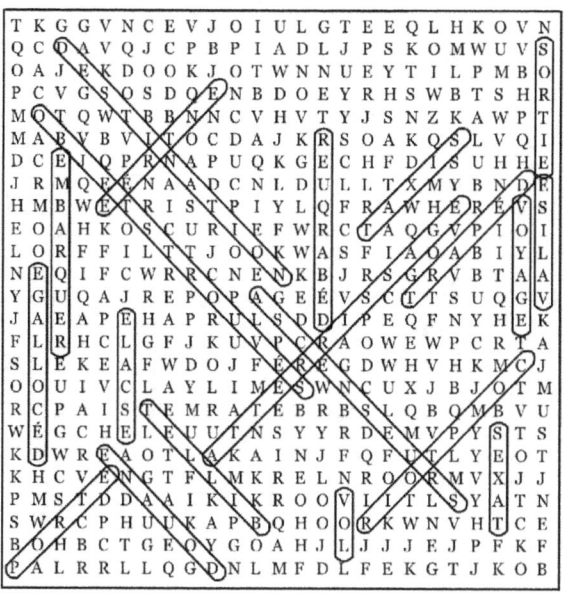

38. LA VILLE SOLUTION

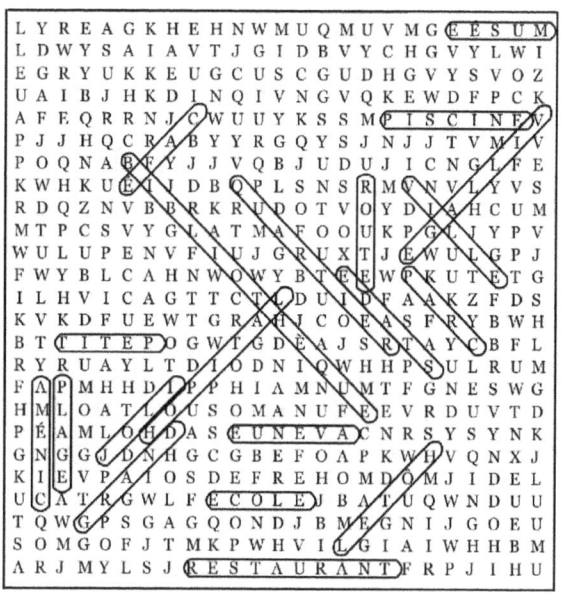

39. LA PLAGE SOLUTION

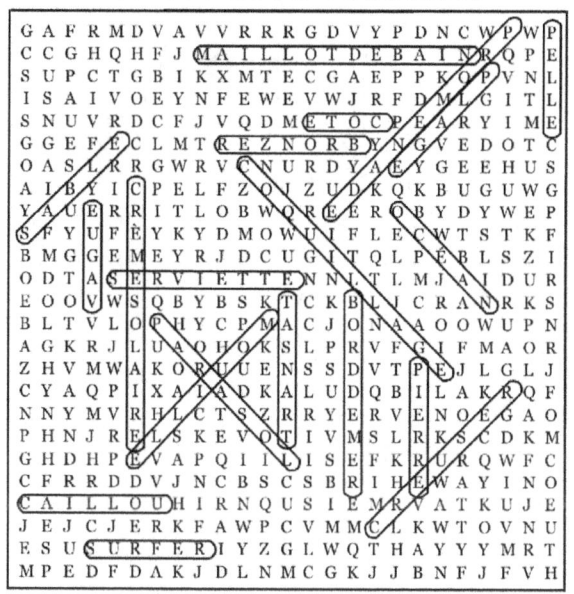

40. LE SHOPPING SOLUTION

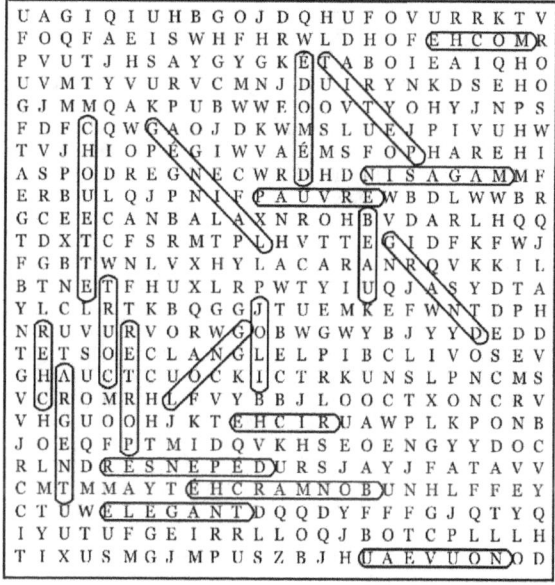

41. LA VOITURE SOLUTION

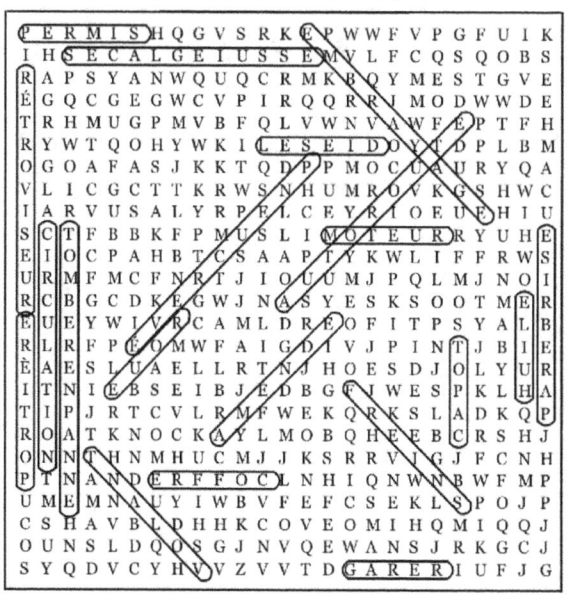

42. LE SUPERMARCHÉ SOLUTION

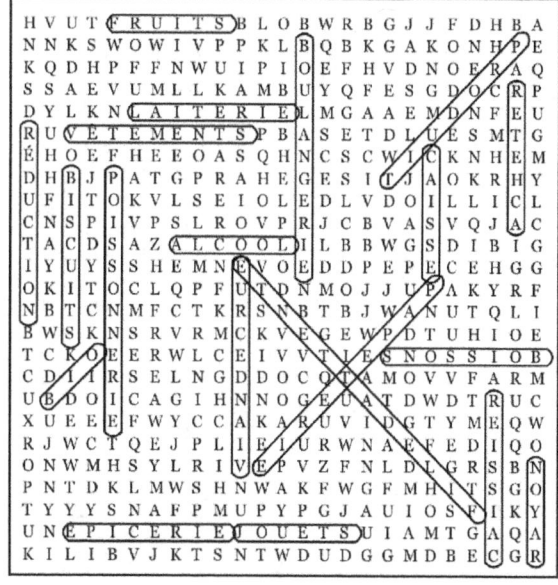

43. LES LÉGUMES SOLUTION

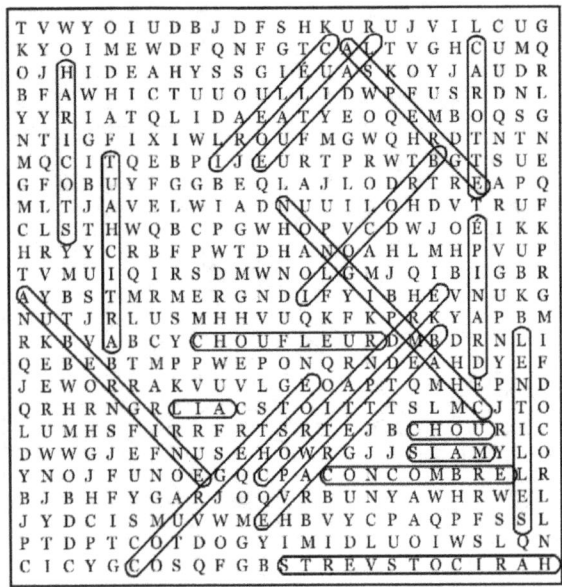

44. NOËL SOLUTION

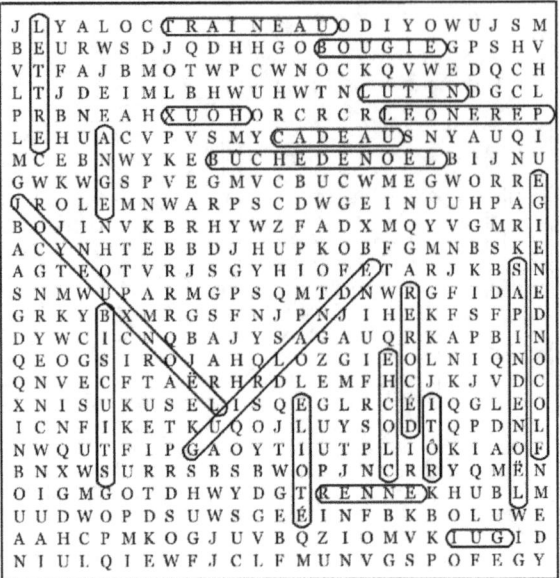

45. LA SALLE DE BAIN SOLUTION

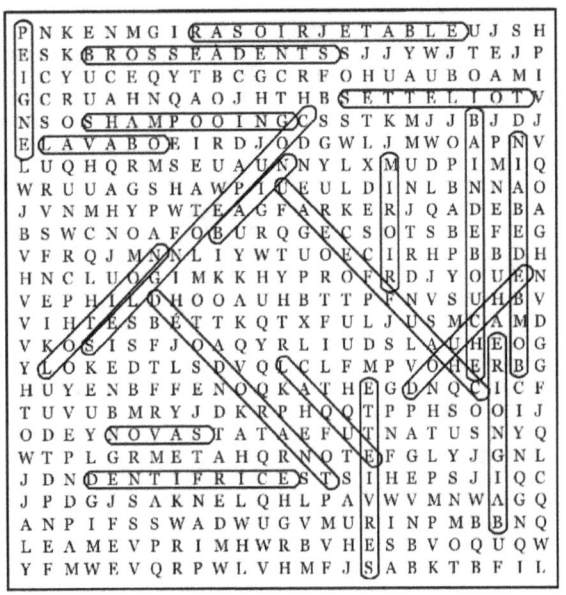

46. LES MEUBLES SOLUTION

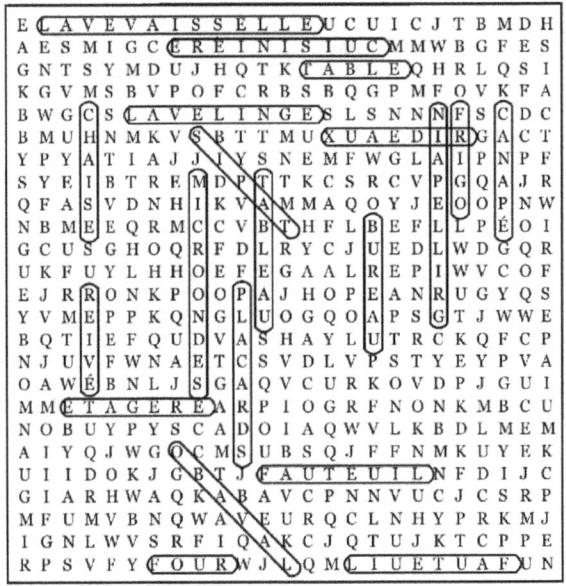

47. LE DIVERTISSEMENT SOLUTION

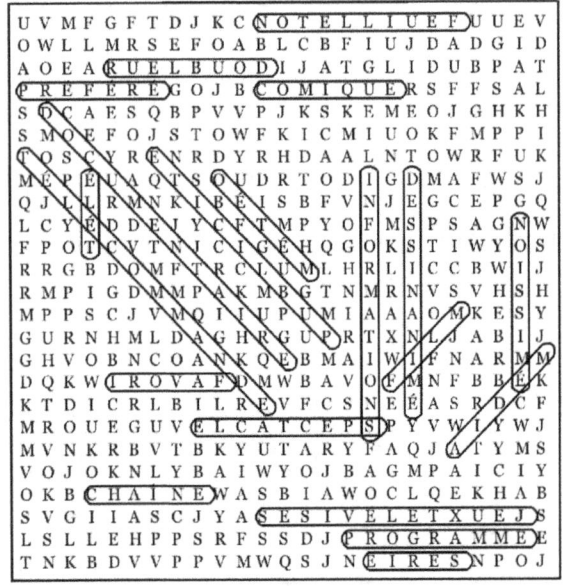

48. LES OISEAUX SOLUTION

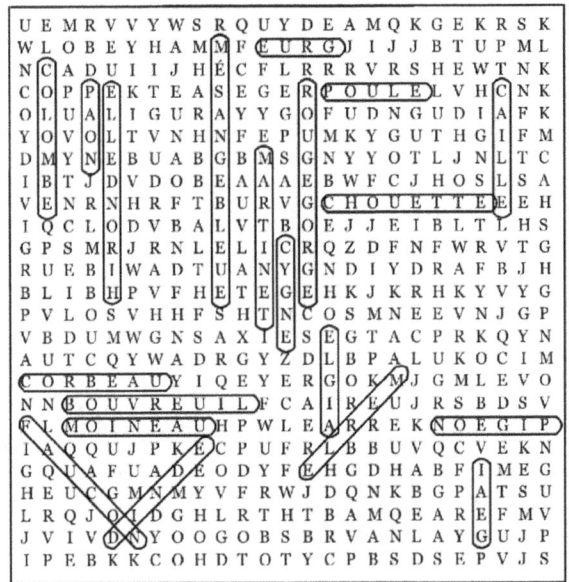

49. LES BOISSONS SOLUTION

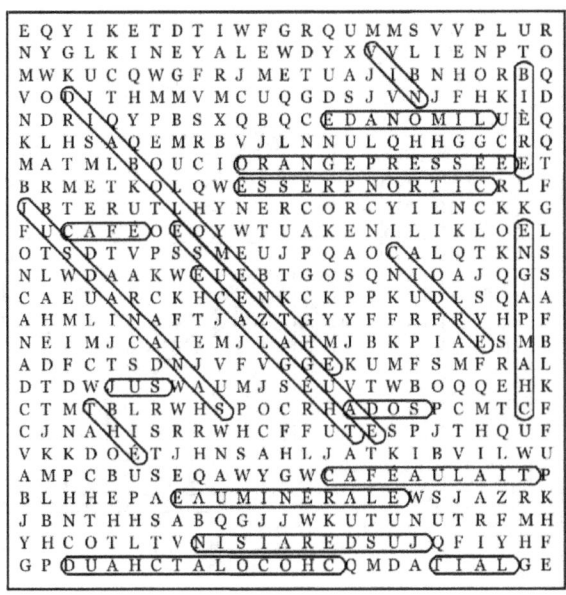

50. LES SENS SOLUTION

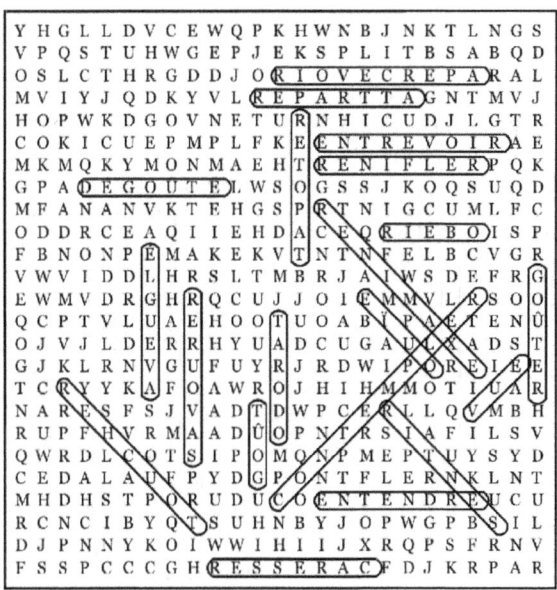

51. LE CORPS SOLUTION

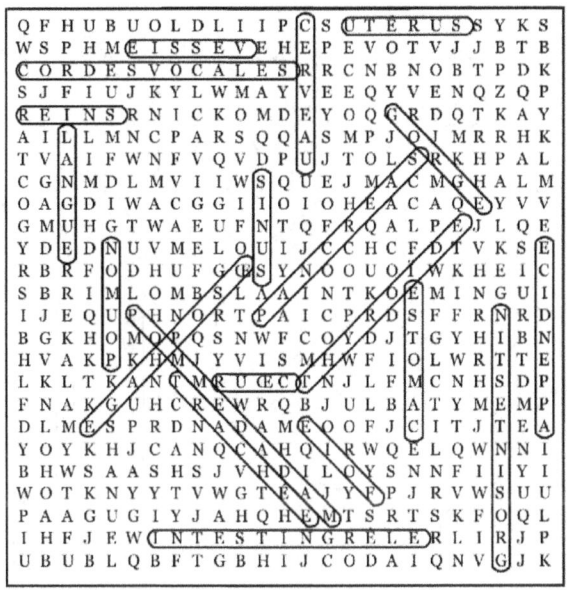

52. LES CRÉATURES MARINES SOLUTION

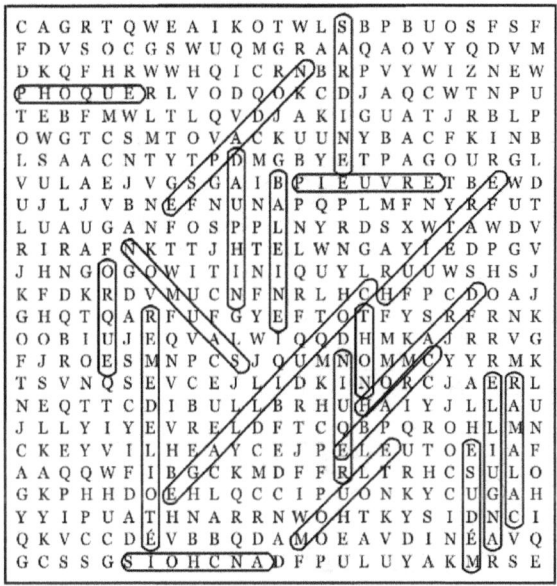

53. LA GÉOGRAPHIE SOLUTION

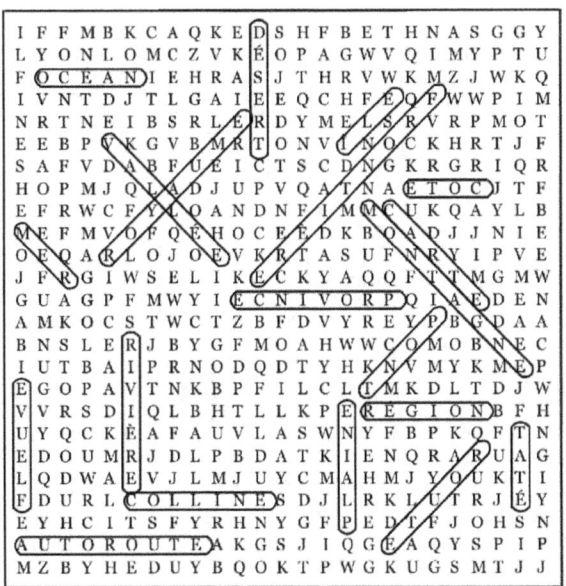

54. LES PREMIERS SECOURS SOLUTION

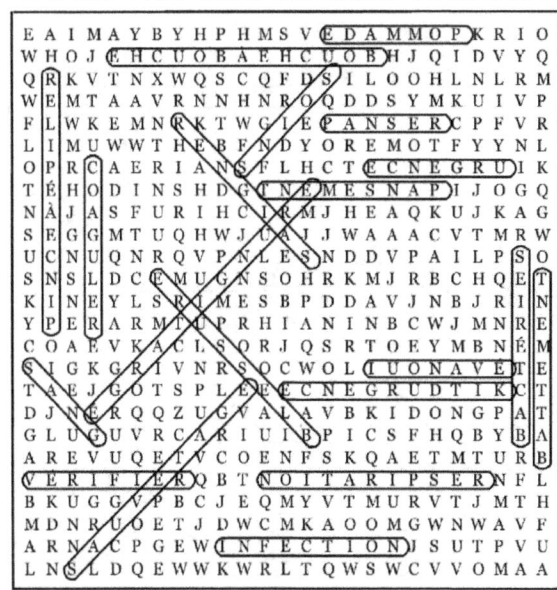

55. L'APPARENCE SOLUTION

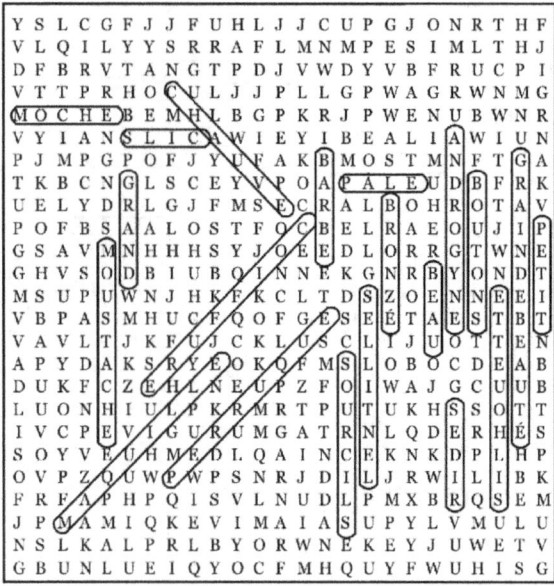

56. LES DESSERTS SOLUTION

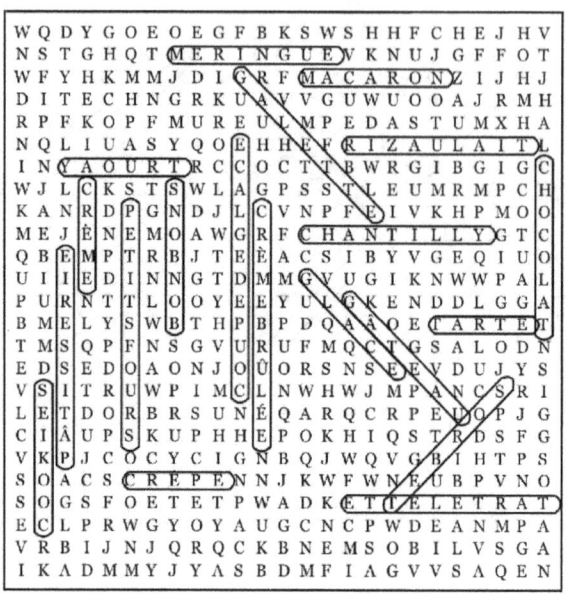

57. LA BANQUE SOLUTION

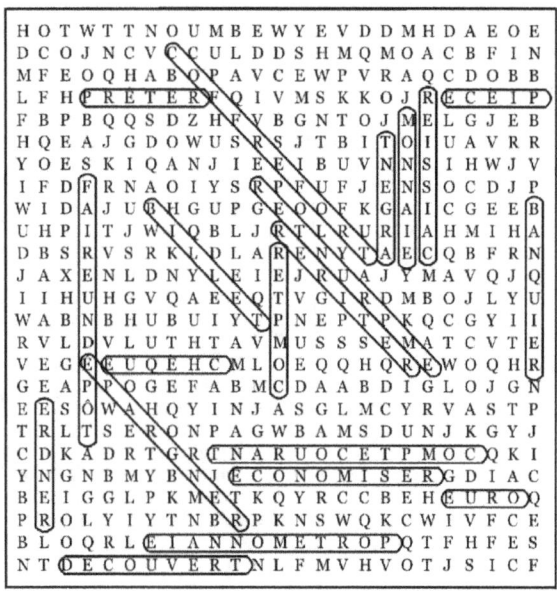

58. LES TISSUS SOLUTION

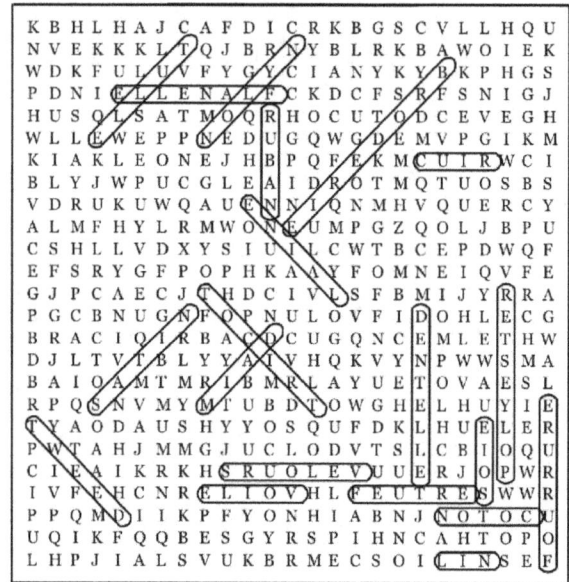

59. LA SALLE DE CLASSE SOLUTION

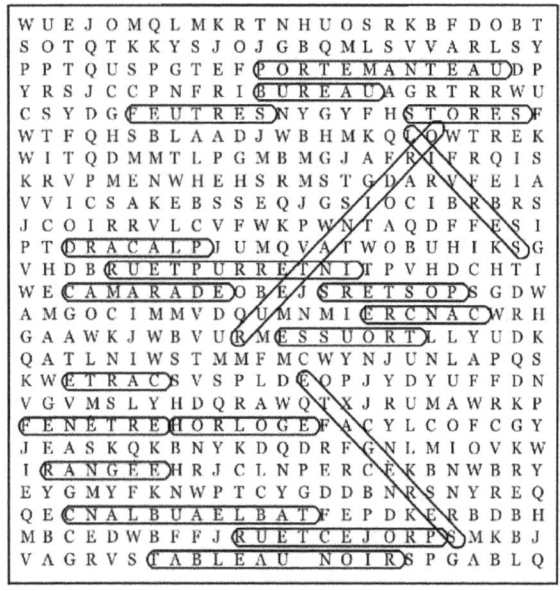

60. LES OUTILS SOLUTION

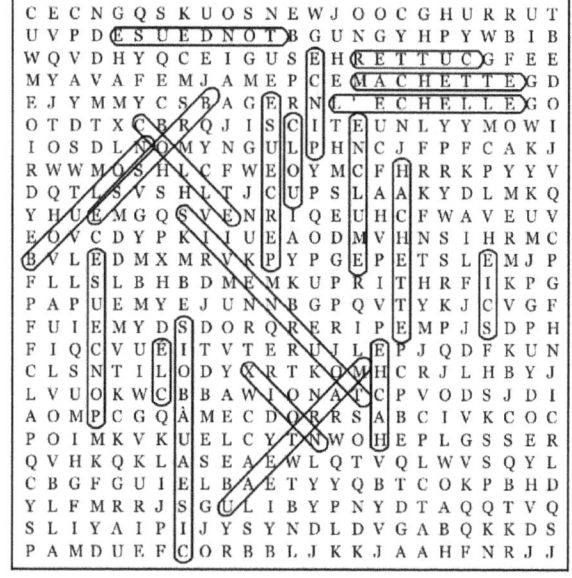

61. LES MATÉRIAUX SOLUTION

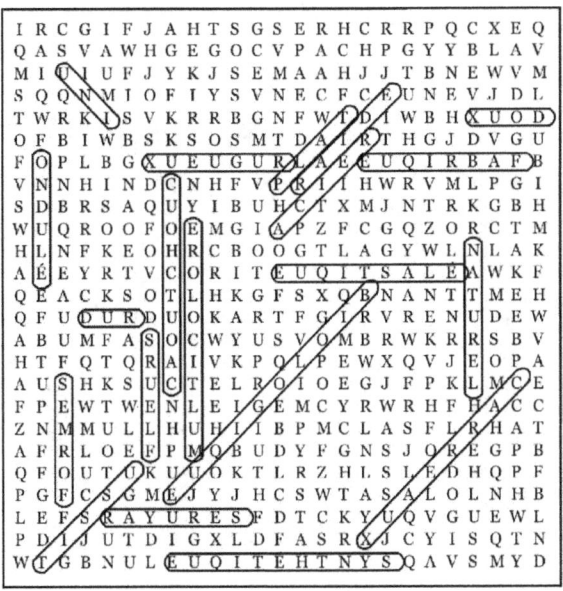

62. LES INSTRUMENTS SOLUTION

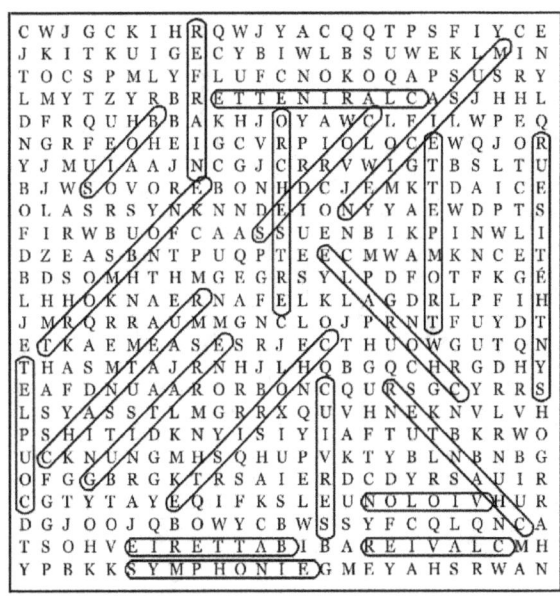

63. LA PHARMACIE SOLUTION

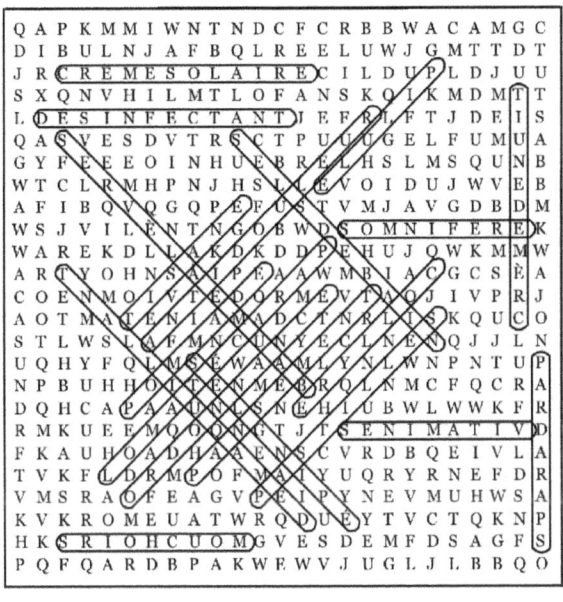

64. LES INSECTES SOLUTION

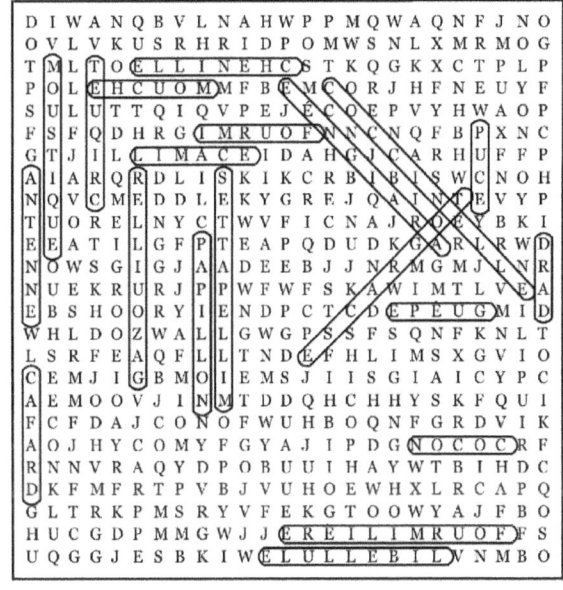

65. L'ART SOLUTION

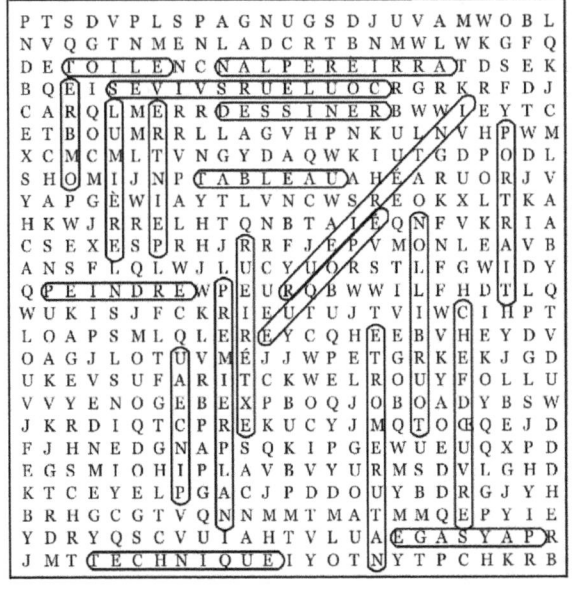

66. LES CORVÉES SOLUTION

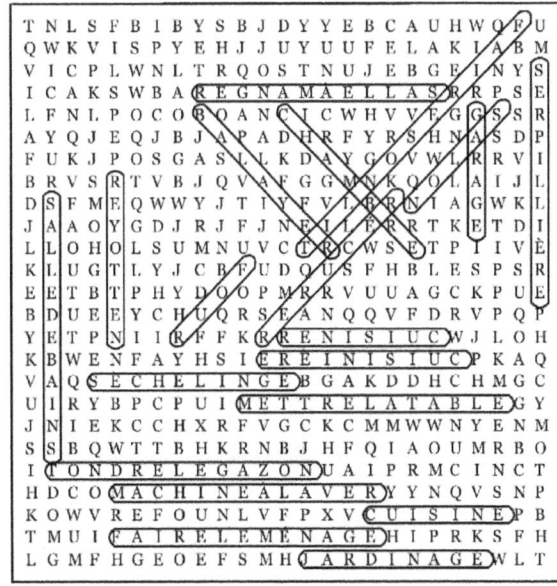

67. LA ROUTINE SOLUTION

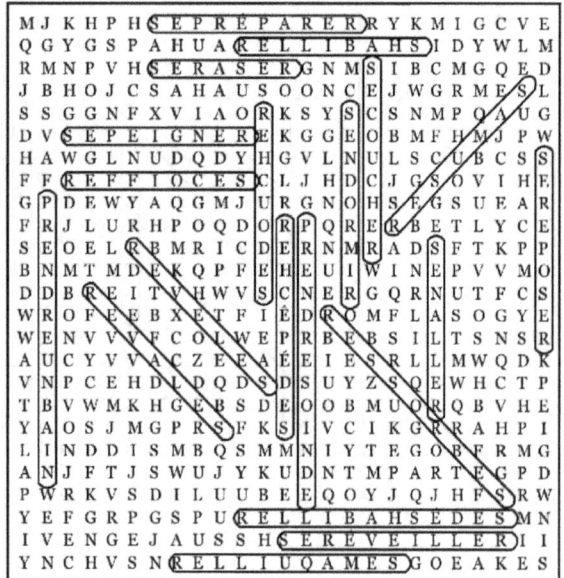

68. LES OBJETS DE LA MAISON SOLUTION

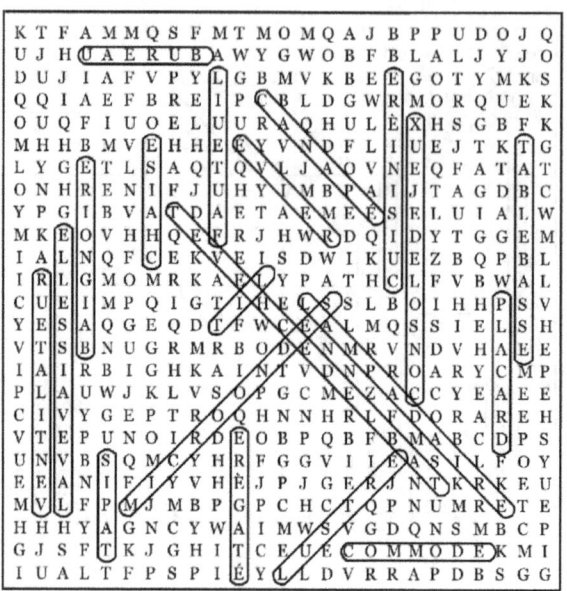

www.ingramcontent.com/pod-product-compliance
Lightning Source LLC
Chambersburg PA
CBHW081338080526
44588CB00017B/2671